JN075048

家庭で育てる 発達が気になる子の実行機能

鴨下賢一 編著
小玉武志／佐藤匠／髙橋知義／戸塚香代子／東恩納拓也 著
にしかわたく マンガ

中央法規

刊行にあたって

発達が気になる子どもたちが成長し、仕事に就いても、なかなか職場に定着できないという場合が少なくありません。これは厳しいけれど現実です。

そして、その原因は、生活習慣の乱れや自己管理能力の不足などだといわれています。

この部分を補うのが、この本のテーマである、「実行機能」の発達なのです。

この本では、幼少期から生活の中で取り組める内容を具体例を挙げながら紹介しました。特別なことではなく、日々の生活の中でコツコツ取り組むことで、将来役立つ実行機能を高めることができるものばかりです。そしてそれらは、生活習慣の安定や身辺の自立をうながします。

今回、マンガの主人公として登場しているサトシは、子どもたちの生活上、よくある困りごとをわかりやすく紹介してくれる存在です。そして、これらの困りごとは、執筆者の一人の小玉武志さんがリストアップしてくださいました。小玉さんがお子さんの日愛花（ひめか）さんと和果那（わかな）さんを育てている中で、実際に直面した内容も含まれているそうです。ですから、どれも読んでいて「あるある」といった内容になっていることと思います。

サトシの困りごとを、環境設定や対応、さまざまなアイテムで解決していく内容になっていますので、ぜひ、実際の生活場面に取り入れてみてください。そしてもし、やってみて難しいと感じたら、作業療法士に相談してください。発達が気になる子どもたちにかかわる作業療法士の多くは、日本発達系作業療法学会（https://www.hattatuot.jp/）に所属しています。ホームページには問い合わせ先もありますので、ご確認いただけたらと思います。

令和二年八月　鴨下　賢一

もくじ　家庭で育てる　発達が気になる子の実行機能

サトシ
トイレに行ったのは
いつ？
え？
お昼頃かな？

♪
ブゥウウ〜ン

第1章

実行機能とは

これでよしと♪
サトシさんちゃんとファイルに入れられてますね！素晴らしい！
えへへ

その夜
えーと明日は国語と音楽と…
あ！
ランドセルの底で蛇腹折りになってた

実行機能と社会生活

「実行機能」と聞くと何か難しそうに思うかもしれませんが、子どもから大人まですべての人が、普段の活動をする際におこなっている、その活動を「やり遂げる力」のことです。

この「やり遂げる力」を子どもの頃から育てることは、社会に出る時にとても大事な力になることがわかってきました。

知能や運動能力がいくら高くても、このやり遂げる力が育っていないと、自分の興味関心のあることだけ、しかもやりたい時にだけおこなうということになってしまいます。それでは社会に適応するのが難しいというのはおわかりいただけるでしょう。

実行機能と社会への適応

たとえば、子どもの発達を見る場合「知能テスト」が使われてきましたが、現在は知能テストの結果だけではなく、適応能力を見ることが重要視されています。

そして、身辺の自立と社会適応の関係性についても、いくつかの報告が寄せられています。「幼少期の身辺自立と就学後の適応の予測に関する研究」では、幼少期の身辺自立度が高いほど向社会的行動（ほかの人のためになる自発的な行動）が高くなり、多動、問題行動、情緒不安定、友人関係の問題が低くなると示されています。※1

さらに、自閉スペクトラム症のＡＤＬ（日常生活動作）自立度と就労には関連があるが、知能や機能と就労には関連がないとの報告もあります。※2

※1 田中善大他。「保育記録による発達尺度改訂版（NDSC-R）を用いた就学後の適応および不適応の予測」『保育学研究』Vol.52 No.1.2014

※2 Laura Grofer Klinger et al. "Autism in Adulthood - Employment Independent Living and Quality of Life" LD研究 Vol.27 No2. pp.105-115, 2018.

実行機能と将来の仕事の関係

身のまわりのことがきちんとできるかどうかが、周囲に適応できるかどうかを左右します。

今日、発達障害のある人の就労支援は、行政や民間など、さまざまな場で取り組まれています。厚生労働省では、就労継続を困難にしている事柄を次のように挙げています。※3

①遅刻や欠勤の増加
②業務中の居眠り
③身だしなみの乱れ
④薬の飲み忘れ

また、就労に必要な重要項目は以下の通りです。※4

❶欠勤などの連絡
❷感情のコントロール
❸集中力の維持
❹作業の正確性
❺作業時間と休憩時間の区別
❻体力

ほかにも、職場の定着に必要な要素を「素直さ・忍耐力」だとする報告もあります。※5

これらの調査・研究から、子どもが将来社会に適応して、仕事に就き、無理なく長く続けて働けるようになるためには、幼い頃からの、日常の生活習慣がとても大切であることがわかります。

※3　社会保障審議会障害者部会第80回部会資料Ⅰ
※4　厚生労働省「就労移行支援事業所による就労アセスメント実施マニュアル」
※5　独立行政法人高齢・障害者雇用支援機構障害者職業総合センター「発達障害者の企業における就労・定着支援の現状と課題に関する基礎的研究」

実行機能とは

実行機能とは、さまざまな能力から構成されていると考えられています。

一時期流行った「脳トレ」は実行機能のトレーニングの一つで、今はとても身近なものとなっています。ただ、実行機能というのは、研究者により指し示す内容が少し異なるのです。

そこで、この本では次のページの表にあるように統一しています。

実行機能を構成する下位機能

プランニング	目標までの道筋、 段取り（優先順位・時間管理・組織化計画）を決める力
ワーキングメモリ	情報を保持し処理する力や記憶しておく力
セルフモニタリング	自分のいる（おこなっている）状況を判断できる力
自己抑制	衝動性や感情を抑えて我慢できる力
注意持続	どんな状況でも課題に対する注意を持続できる力
シフティング	柔軟（柔軟性）に課題を切り替える（課題開始）力

実行機能の下位機能とは

ここでは、生活の場面で、朝起きて学校に行くまでを例にとり、実行機能との関係を各下位機能ごとに見ていきます。

全体の流れとしては、学校に行くまでにすることを計画し▼食事をして▼歯をみがいて▼顔を洗って▼排泄して▼着替えて▼学校に持って行く物をそろえて▼忘れずに持って出かける、ということです。

これらの場面で、実行機能はどのように作用しているのでしょうか？

プランニング

朝起きてもぼんやりして目覚めるまでに時間がかかるようであれば、起きる時間を早める必要があります。

朝、決めた時間に起きるためには前の日の夜に適切な時間に寝ることも必要になりますし、忘れ物がないようにするには前日に準備しておく必要があるでしょう。

もし、学校に8時までに着かなくてはならないのであれば、おのずと家を出る時間が決まってきます。

家を出る時間に間にあうように、朝起きてから出かけるまでにおこなうことに、それぞれどれだけの時間が必要かも把握する必要があります。

さらに、やるべきことをどの順番で行うと効率的かも考えなければなりません。

ワーキングメモリ

家を出るまでにおこなうべきことを、行動しながらも覚えておく力になります。

セルフモニタリング

プランニングした一連の行動が適切におこなえているかを、常に自分で確認しながら進めていく必要があります。

セルフモニタリングは、起床して登校まで、すべての間におこなうことについて、今自分がどのような状況に置かれているかを把握する力ということになります。

自己抑制

準備している時に、気になるテレビ番組が放送されていても、それを観ることを我慢する必要もあるでしょう。

注意持続

起床から登校までにおこなうべきことすべてに、よそ見せず、気を散らさずに、持続して注意を払う必要があります。

シフティング

着た洋服のボタンがとれていたり、靴下に穴が開いていたりしたら、柔軟に取り換える必要があります。

このように、日常生活をスムーズに効率的に確実におこなうために、実行機能の下位機能がそれぞれ重要な働きをしているのです。

〈マシュマロテスト〉

「マシュマロ・テスト」とは、「マシュマロを今一個もらう？　それとも今は我慢してあとで二個もらう？」と子どもに聞いて、その子がどちらを選択するかを見るものです。

このテストは子どもの我慢する力を調べるためのもので、10ページの分類では「自己抑制」に近い実行機能といえるでしょうか。

目の前にあるマシュマロを食べたい気持ちを我慢して、あとから倍のマシュマロを手に入れるという「長期的な利益」を選択できるかどうかを判断するわけです。

そして、ここで我慢する力のある子どものほうが、将来社会に出て活躍できたという結果が示されています。※6

※6　スタンフォード大学の心理学者であるウォルター・ミシェルが実施した調査。

2 日常生活で育てる実行機能

実行機能を育てるには、ただ脳トレ課題などをしていたらよいのでしょうか？

確かに、脳トレはゲーム感覚で楽しくできますし、実行機能の基礎的なトレーニングになる部分もあります。

しかし、スマホやゲーム機で脳トレ課題をおこなっていて、それが楽しいからと、決めた時間で終われなかったら元も子もありません。

実行機能は、実際の日常生活場面で育てることができます。つまり、普段おこなっている生活習慣を適切におこなえるようにすることが、将来に向けて、その子の人生に役立つ実行機能を高めることになります。日頃から家庭内で取り組むことで、学校や外出先でもその力が発揮されていくようになるのです。

普段から席を立つ時には椅子をテーブルの下に収めることが身についていれば、外出先でも自然とおこなえるようになります。靴を脱いだらそろえる、おもちゃで遊んだら片付ける、テレビやゲームは決めた時間でやめるなど、取り組めることは生活の各場面に数多くあるのです。

実際の生活場面では、子どもの行動をうながすための、大人たちからの声かけも大切です。

やらなければいけないことがわかっている、または、やろうとしているのに、先回りして指示ばかりされていると、自分で考えて行動を起こす力が育たないのです。

怒鳴ったり、叱りつけたりという感情的な対応も、逆効果であることは理解していただけると思います。

この本では、生活の中での各場面をピックアップして、それぞれに応じた、実行機能を高めるための対処法をご紹介しています。

魔法の杖――環境の調整・対応の調整

幼い子どもにとっては、三食のご飯を、毎回おいしく、楽しく、適度な時間をかけて食べるということは難しいものです。

たとえば、「おやつを食べ過ぎてご飯が入らない」という場合があります。これは、決められた量以上におやつをほしがり、駄々をこねたのでつい与えてしまった、というような時に起きやすいものです。

これを防ぐには、周囲の大人が環境や対応を整えてあげる必要があります。

おいしいおやつが目につくとほしがるのは当たり前なので、見えないところにしまうという環境の調整が必要です。

また、子どもがいくらほしがっても、おやつの時間には決めた量しか与えない、という毅然とした対応の調整も求められます。

このほかにも「食事の時間を一定にする」「おなかが空くように適度な運動をさせる」「大人たちが楽しく食事をしている様子を見せる」など、環境や対応の調整にはいろいろな要素があります。

環境の調整と対応の調整は、家庭で実行機能を育てる際、適切に進めていくための基本になる**「魔法の杖」**です。常に意識して、実践してみてください。

そして、環境が整っていなかったり、その子にかかわる大人たち(両親・祖父母など)の対応が統一されていないと、子どもの実行機能はうまく育たなくなってしまいます。

その時の気分や人によって対応が大きく変わらないように、みんなが共通認識をもって調整することがとても重要です。

魔法のアイテム

本書では実行機能をスムーズに育てるために、次に紹介する5つの**「魔法のアイテム」**をフル活用しています。

魔法のアイテム

リスト/スケジュールを確認するもの
リスト/チェックポイントを確認するもの
メモ・付せん・ファイル
貼り紙・ポスター
時計・タイマー

これらのアイテムについては、場面に応じて、その活用方法を具体的に紹介していきます。

子どもの実行機能は、成長とともに育っていくものです。したがって年齢が低いほど助けが必要になるのはおわかりいただけるでしょう。

実行機能の発達を助けるアイテムとして、これらの**「魔法のアイテム」**を活用し、計画した内容を実施し、成功できるように導いていきましょう。

ここで得られた、子どもの「できた！」「やり遂げた！」という成功体験は、次のやる気につながっていきます。そして、子どもが成長していく時に最も大切な「自尊感情」も育てていくのです。

成功させるためのポイントは、**「魔法の杖」「魔法のアイテム」**とともに、今の子どもの発達にあった目標になっているか、量や時間が適切かを見極めながら調整していくことです。

本書では、一人の子どもとその家族の一日の流れにそって、生活の中で取り組める具体的な対応方法を紹介していきます。これらを参考にしながら、ご家庭でできることから実践していただけたらと思います。

繰り返しになりますが、**「実行機能は、生活の中で育てることができるもの」**だからです。

魔法のアイテム

リスト／スケジュール	予定をリスト化したもの。学校の時間割などもこれに含まれます。これからの予定を把握し、見通しを立てる助けになります。
リスト／チェックポイント	お買い物メモのように、必要な物や、取り組むべきことを順序よく記したものです。すべきことを漏れなくやり遂げる助けになります。
メモ・付せん・ファイル	忘れがちなことを書きとめておくのに使います。連絡帳やそれを保管するためのファイルなども含みます。メモや付せんは終わったら横線で消す、不要になったらはがして捨てるなどするとわかりやすいでしょう。
貼り紙・ポスター	気をつけるポイントをはっきり見えるようにしておくためのものです。手を洗う、鍵をかける、など大事なことを忘れずおこなうために使います。
時計・タイマー	時間の管理に使います。決めた時間に次の行動に移るために、アラームなども活用して、忘れずおこなえるように、また気持ちをスムーズに切り替えるために使います。

課題や達成状況をチェックしよう

普段おこなっている生活習慣や生活動作を、丁寧に確実に取り組むことが、将来社会に適応するために必要な実行機能を育てることにつながります。左ページの **「生活習慣・日常生活動作チェック表」** を利用して、これらの習慣や動作がどれだけできているかを親子で確認してみてください。

朝起きる時間が遅くなることや、観たいテレビに間にあわせるために、食事の食べ方がおろそかになっているかもしれません。遅くまでゲームをしていて、翌日の準備をしていないために、忘れ物をしているかもしれません。スムーズな着替えはできているでしょうか。

このように生活を見直すことで、さまざまな実行機能を高めることができます。生活の中で実行機能を高めることは、その生活動作ができるようになるだけでなく、さまざまな場面で活きてくるのです。

さらに、18、19ページにある **「実行機能チェック表」** は、これまでに紹介した **「魔法の杖」** や **「魔法のアイテム」** を活用するために確認しながら進めていくチェックリストになります。

この表でチェックして、苦手な部分はこれら **「魔法の杖」** や **「魔法のアイテム」** を活用することで、うまく取り組めるようにしていきます。計画したことを実行し、うまくできることで自己肯定感を高めることもできていきます。そうすることで、次なる課題に取り組める意欲につながっていきます。

ぜひ活用してみてください。

生活習慣・日常生活動作チェック表

子どもだけでなく、周囲の大人も同じようにして、よいお手本を示してあげてください。

食事関連

項目				
かき込み・詰め込み食べではなく、一口ずつ食べられる	できない	少しできる	大部分できる	できる
丸のみではなく、よく噛む	できない	少しできる	大部分できる	できる
適切な時間で食べられる	できない	少しできる	大部分できる	できる
食べこぼさないで食べられる	できない	少しできる	大部分できる	できる
おやつを食事を食べたごほうびにしない	できない	少しできる	大部分できる	できる
食事の代わりにおやつを食べない	できない	少しできる	大部分できる	できる
食事中はお茶か水を飲めている	できない	少しできる	大部分できる	できる
日中、お茶代わりにジュース・牛乳を飲まない	できない	少しできる	大部分できる	できる
三角食べができる	できない	少しできる	大部分できる	できる
バランスよく食べる（苦手なものがあってもよい）	できない	少しできる	大部分できる	できる
姿勢よく座り、着席して食べられる	できない	少しできる	大部分できる	できる
器に手をそえることができる	できない	少しできる	大部分できる	できる
しつけ箸は使わず手の機能にあった道具を利用できている	できない	少しできる	大部分できる	できる
テレビを消している	できない	少しできる	大部分できる	できる
家族・複数人で食べている	できない	少しできる	大部分できる	できる

※下記の各項目も同様にチェック表にして、日常生活全般の評価、見直しをおこなってみてください。

着脱関連

自分で着脱ができる
脱いだ洋服などを片付けられる
シャツの裾をズボンに入れられる（身だしなみを整える）
洋服をたためる

排泄関連

下着を汚さないでできる
清拭ができる
排泄後に水を流すことができる
床などを汚さないでできる

清潔関連

食後に歯みがきができる
顔を洗うことができる
必要な時に手洗いができる
洋服など汚れたら着替えられる
体（足の指の間、性器、耳のうしろなど）をきれいに洗うことができる（入浴）
頭をきれいに洗うことができる（入浴）
寝ぐせを直すことができる

遊び・余暇関連

テレビやビデオは決めた時間に終えられる
ゲームやYouTubeなど（スマホ・タブレット）は決めた時間に終えられる

生活行動

テーブルから離れる時は、椅子をしまうことができる
部屋の出入り時に扉を閉める
脱いだ靴などをそろえられる
遊んだおもちゃなどを片付けられる
使った物を元の場所に戻せる
翌日の準備を前日にできる

生活リズム

決めた時間に寝られている
決めた時間に起きられている
寝る一時間前にはテレビやゲームなどを終了できる
決めたスケジュールにそって生活ができている

この実行機能チェック表は、実行機能の下位機能ごとに記入して使用します。子どもにとって、何が苦手で、何に対してなら興味をもち、集中して取り組めるのか、このシートで把握してみてください。それを基に、**「魔法の杖」**や**「魔法のアイテム」**を利用すると、より効果的に実行機能を育てることができます。

ご使用になる時は、B4 もしくは A3 サイズに拡大コピーしてご利用ください。

プランニング

今日（この時間・場面）にすべきことを思いつくだけ書き出してください	
優先順位、時間管理、組織化	①
	②
	③
	④
	⑤

上記を優先度の高い順番に並びかえてください		行うのに必要な時間を記載してください	開始する時間を決めましょう
優先順位、時間管理、組織化	①		
	②		
	③		
	④		
	⑤		

ワーキングメモリ

どのように覚えておくことが得意ですか?

☐ メモ　☐ 写真　☐ イラスト　☐ 音声メモ　☐ 記憶

シフティング

計画したことがうまくできなかった場合	うまくできない理由	うまくできなかった場合の対応
①		
②		
③		
④		
⑤		

計画の予定が変更になった場合	変更の可能性のある予定	変更があった場合の対応
①		
②		
③		
④		
⑤		

実行機能チェック表

自己抑制

	好きなこと、気になることを挙げてください	誘惑に負けないための方法
衝動	①	
	②	
	③	
	④	
	⑤	
	嫌いなこと、ストレスに感じることを挙げてください	**ストレスへの対応方法**
感情	①	
	②	
	③	
	④	
	⑤	

注意持続

得意なことを挙げてください	どれくらい集中できますか？（時間・回数）
①	
②	
③	
④	
⑤	
苦手なことを挙げてください	**どれくらい集中できますか？（時間・回数）**
①	
②	
③	
④	
⑤	

セルフモニタリング

プランニングした内容を挙げてください	実施できましたか	改善点
①	できなかった・少しできた・大部分できた・できた	
②	できなかった・少しできた・大部分できた・できた	
③	できなかった・少しできた・大部分できた・できた	
④	できなかった・少しできた・大部分できた・できた	
⑤	できなかった・少しできた・大部分できた・できた	

登場人物

サトシ（小学校3年生、8歳）

幼少期からこだわりが強く、ちょっとしたことでヘソを曲げたり、音や感触で気が散る、落ち着かず声をかけても聞いていない様子など…、発達が気になる主人公。

サトシの母親（37歳）

いつもサトシの言動に
ふりまわされている。うちの子
大丈夫かしら…と心配しつつも、
サトシの態度に怒鳴り気味に
叱りつけてしまう母親。

サトシの父親（38歳）

サトシは健やかに育っている、
男の子はこんなものだとまったく
心配していない様子の父親。

山田先生（27歳）

いつもサトシのことを
気にかけてくれている担任。

第2章

家庭で育てる実行機能

1 一日を予定通りスタートできる

その後も
だらだらと遊んだり
テレビを観たり…
ようやく寝床に
ついたのは
10時半過ぎ
ZZZ…
は～やっと
寝てくれたか…
朝
サトシ
もう起きないと
遅刻よ!!
うーん
眠いよ…
だから
9時からのテレビ
観ちゃうと
起きられないって
いったのに…
もうちょっと
寝る…
もぞもぞ
こらぁ
いい加減に起きて
朝ご飯を食べなさい!!

確 Check 認

やりたいこと以外は、自分からなかなか取り組めないことがありますか？

二つ以上の指示をすると、いくつか忘れてしまうことがありませんか？

好きなことを始めると、いつまでもやめられなくなることはありませんか？

何かをしていても違うことに注意が向いてしまったり、何をするか忘れてしまう、何をすべきかわからなくなることがありませんか？

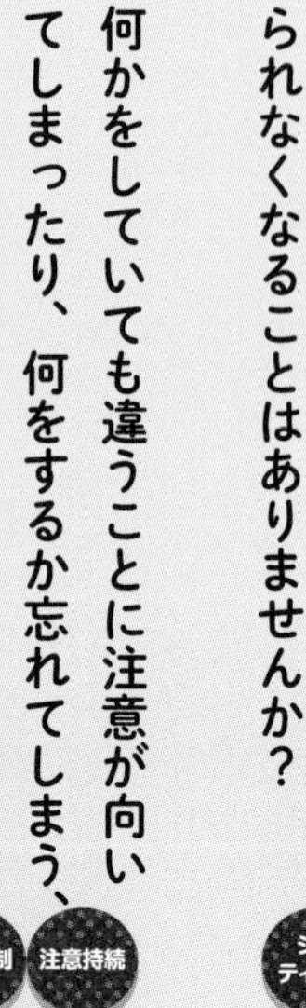

支援のポイント 1

朝、決まった時間に起きるためには、決まった時間に寝ることが重要です。

子どもは寝るまでの時間を自由に使えるわけではなく、寝る前に歯みがきや入浴など、やらなければいけないことがあります。小学生であれば、宿題を済ませたり、明日の準備もしなくてはなりません。

それなのに、子どもはいつまでもテレビを観たり、ゲームをしたりして遊びたいのです。

どの年齢であっても、よりよい生活習慣を身につけるためには、やりたいことと、やらなければいけないことに折りあいをつけ、必要な時間を確保することが大切です。

生活の中で、必要とされる作業にどれくらいの時間がかかるのかを、子ども自身が考えながら行動するのは、そう簡単ではありません。それでつい、親が「次はこれ、その次はこれ」と指示したくなってしまうのです。でも、これでは本当の実行機能は身につきません。

親は、子ども自身が自分で気づいて、行動できるようになるための支援をするのだということを忘れないようにしましょう。

●優先順位を考えよう

まずは、**寝るまでに子どもがどういう生活をしたいのかを聞き取り、書き出します。そして書き出したそれぞれの項目に、優先順位をつけます。**学校から帰って、寝るまでの間でできることには限りがあるからです。

子どもは「ゲーム」「マンガ」「テレビ」などの優先順位を高くするかもしれませんが、それを一度受け止めた上で、生活に必要な動作の時間と睡眠時間は削れないことを理解させます。

やりたいことばかりではなく、清潔を保つために入浴をすることや、次の日に備えてぐっすり眠ることも、とても大切だということを伝えましょう。

そのためには、観たいテレビがあっても録画をして休みの日に観るなど、気持ちの切り替えも必要です。

親の言い分を一方的に押しつけず、話しあいながら、子どもと一緒に決めていきましょう。

●「やるべきこと」と「やりたいこと」

上の項目と同様に、子ども自身が何をしなければいけないのか、そして何をしたいのかをじっくり聞き取り、見やすく書き出してみましょう。

もし、**子どもの口からやりたいことばかり出てきて、やらなければならないことが出てこないようであれば、毎日の生活を振り返りながら、子どもが「やるべきこと」にも気づくようにします。**

たとえば、学校から帰ってからのことを考えても、宿題をする、食事をする、お風呂に入る、歯みがきをする、明日の準備をするなど、やりたくなくても必要なことがあるということを、一緒に確認します。

この時、親が一方的にやらせるのではなく、「やりたくないことはしたくない」「やりたいことだけやりたい」という子どもの気持ちもしっかり受け止め、話しあいながら納得して取り組めるようにしましょう。

支援のポイント 2

子どもはその場で気になった物に注意が向きやすい傾向があります。

せっかく片付けに取り組んでいても、途中で見つけたおもちゃで遊んでしまったり、そうやっているうちに、自分が何をするのかを忘れてしまったりすることはよくあることです。

こんな時、忘れてしまったことを叱るよりも、どうすれば忘れないようにできるか、また、忘れた時にどのようにして自分から思い出せるようにするかが支援の重要なポイントになります。

●次やることがわかるように

一つのことに注意を向け続けることや、スケジュールを思い出して行動することが難しい場合は、**目に見えるところに、やるべきことの一覧を貼り出してあげましょう。**

一つずつチェックしながら進められるものや、シールやマグネットで終わった作業をはがしていくものなど、**その子の特性にあわせて工夫すると、より効果的な「魔法のアイテム」になります。**

親は「次は何をするんだっけ?」「今は何をする時間?」と、考える機会を作るようにし、子どもが自分から確認して行動できるようにしていきましょう。

支援のポイント 3

子どもは、自分の興味のあることは夢中になって、いつまでも続けてしまいます。普段はじっとしていられない子どもでも、自分の「好きなこと」ならいくらでも集中して取り組むことができるのです。

しかし、この「好きなこと」は、ひとたび始めてしまうと、なかなかやめられなくなってしまいます。やらなければいけないことがあって、時間が過ぎていても、本人にとって楽しくないことにはなかなか取り組むことができなくなっ

てしまうのです。

●切り替えのタイミングを合図しよう

子ども自身が行動を切り替えることが難しい場合は、キッチンタイマーなどを合図に活用しましょう。いつまでも親が声かけをしないと切り替えができないままでは、自分で考える習慣が身につかないからです。

たとえば「歯みがきは3分」と決めたら、始める時に**子どもがタイマーをセットし、スタートを押すことを習慣にします。**ゲームなど好きなことをする時も同様で、こうすることで、シフティングの力が育ちます。

最初は子どもが好きなことを始める合図、次はいやなことを終える合図、それから好きなことをやめる時、最後にいやなこと、苦手なことを始める合図、と段階的に利用する場面を広げていくとよいでしょう。

今取り組むべきことからいったん注意がそれてしまったら、そこから声をかけ、うながしても、なかなか切り替えることが難しくなります。まずは刺激の少ない環境を整え、子どもが集中して取り組めるようにしましょう。

●ほかの物事が目につかない工夫をしよう

決めたことをおこなうためには、余計な物が目につかないようにすることが重要です。

たとえば、食事や歯みがきをする時にテレビを観てしまわないように、予め消しておくこと、片付けたおもちゃが気にならないように箱に蓋をつけたり、シートをかけて隠すなど、子どもが集中できる環境を整えましょう。

目についたことや気がついたことに次々と手をつけるのではなく、今おこなっていることをやり遂げるようにします。親も、なるべく黙って見守りましょう。そうして、自分がやり切った達成感を積み重ね、次もやろう、という意欲につなげていきます。

ねえ、サトシ
今朝も寝坊してたけど
早起きするには
どうしたらいいと
思う？
うっ、うん…
早く寝たら
いいのかなあ？
でも夜に
やりたいことが
一杯あるんだよ！
そうだよね～
帰ってから寝る
までにやること
一杯だねえ
ちょっと
書き出して
みようか？
ゲームとテレビと
マンガも読みたいし…
あ、あと
おやつの時間も！
そ
そうよね…
でもそれは
サトシが
やりたいこと
ばっかりだよね
ほかにはない？
やりたく
ないことは
一杯あるよ～
宿題でしょ
お風呂でしょ
次の日の支度
歯みがきも
面倒くさい！
でも、それって
しなくても
いいのかな？
歯みがき
しないと
どうなる？
虫歯になったら
痛くておやつ
食べられなく
なるよ
CHOCO
それは困る…
かなぁ
そうだよね
やらなきゃ
いけないことには
理由があるの
宿題やらないと
勉強がわからなく
なっちゃう
お風呂は
入らないと
臭くなる…
面倒くさいけど
しょうがないか～

子ども自身でやるべきことの理由に気がつき、自分から納得してできるようにしましょう。親にいわれたからやる、ということでは主体性が身につきません。目で見える形（可視化）にすると、自分にどれくらい時間があるかを具体的に認識することができるようになります。

2 身支度を整える

おはよー
おはよう
ご飯できてるわよ
…って
どうしたの!?
その寝ぐせ
ぼわーん
えっ?
そんなにひどい?
ひど
すぎるわよ～
そんな髪じゃ
友達に笑われ
ちゃうわ!
直しておいで
はーい
んもー
面倒くさいなー
お母さん
うるさいんだよ…

できたよ！
まだ少し
直ってない…
もういいから
早く食べ
ちゃいなさい
はーい
ごちそうさま～
あーもう！
口のまわりも歯も
汚れているわよ！
どうして
気にならない
のかしら…
ちゃんと
きれいにした？
大丈夫だよ
まだ汚れてる
いってきますー
あっ!!
左右の靴下が
違う～!!

自分でおこなう手順がバラバラで、その場その場の対応になっていませんか？

鏡を見ても、どこに注目したらよいかわかっていないのではありませんか？

プランニング

支援のポイント 1

朝起きて、顔を洗って、寝ぐせを直して、歯みがきができたら、一通り身支度ができたといえます。

しかし、実際には顔の横がうまく洗えていなかったり、洗顔せっけんの泡が残ったままだったり、目やにが取れていなかったりなど、うまくできていないことが少なくありません。

身支度の手順を統一して、その時に気をつけるポイントを知ることで、子どもがいつでも同じ方法で、同じようにできるようにもっていきましょう。

●実施の手順をイラストにしよう

洗面所の見えるところに、身支度の手順をイラスト化して貼っておきましょう。

たとえば、

というようにです。

順序とやり方をイラストで表すことで、どのようにおこなえばよいか、わかりやすく伝わります。

手で水をくんで顔を洗うことが難しい子には、同じようにタオルを濡らして顔を拭く手順を示してあげるとよいでしょう。

どこが見落としやすいのかを一緒に確認します。子ども自身が「ここを洗うのは難しい」ということに気づけるようにすることが大事です。やり方を伝える時にも、正しい方法を一方的に覚えさせるのではなく、苦手なところをどのように洗うか子ども自身が考えられるようにしましょう。

支援のポイント 2

子どもは自分で鏡を見ても、どこが違うのかがわからず、うまく直せない場合が少なくありません。

鏡を見て自分で直そうと頑張っていてもうまくできていない場合には、どこをチェックし、修正したらよいのかを知る必要があるのです。

せっかく自分では頑張って直しているつもりなのに、思うような結果が得られないことが続くと、だんだん身支度そのものがいやになってしまいます。

そうならないためには、子どもが自分でどこに注目をしたらよいか、どう修正すればよいかを知ることが必要です。

●鏡の前で一緒にポイントを確認しよう

親子で一緒に、洗面所の鏡を見ながらポイントを整理しましょう。

ブラシで髪をとかす時は、ただ頭をなでつければよいのではなく、鏡を見ながら寝ぐせがついているところをならしたり、時には水で濡らして整えたり、絡んだところをほぐしたりすることを教えます。

顔を洗ったあとには、鏡を見て、目元や口元に汚れが残っていないか、アゴや耳のところに石けんの泡が残っていないかなどを重点的にチェックするように伝えます。

このように具体的なポイントを伝えることで、鏡に映る自分を見ながら、子ども自身で気づいて、修正できるように手助けしていきましょう。

●直す手順を身につけよう

鏡を見て、思った通りに手や体を動かすことはとても難しいことです。そのため、直すべきところがわかっていても、思うようにできないことがあります。**実際に親が手をそえて、一緒に動作をおこなうと、子ども自身が正しい動作を知ることができます。**

子どもは、自分の注意しているところはよく見えても、全体を見てうまくできていないところを見つけることが難しい場合があります。親が、注意するポイントを伝えましょう。また、場面が変わると見るべきポイントも変わります。繰り返し何度でも伝えてあげるようにしましょう。

3 季節に応じた服装選び

これにする！
え…？今日は暑くなるよっていったよね？
んーそうだけど…この服が大好きなんだもん
モコモコしてて気持ちがいいのー
そんな服装じゃ学校で暑くなるわよ
もう少し涼しいかっこうにしてきたら？
えー？せっかく見つけたのに…
気に入っているのになぁ…
じゃあこれでどう？
COOL
どうしてこんなに極端なのかしらー？

確 Check 認

暑くなったり、寒くなったりした時に服装で調整することができていますか？
気温にかかわらず、自分のお気に入りの服ばかり着ていませんか？

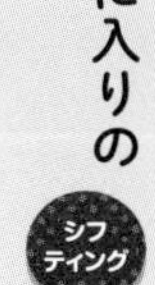
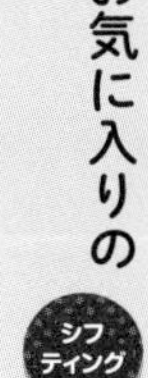

セルフモニタリング　プランニング

支援のポイント 1

人は暑くなると熱を発散するために汗をかき、寒い時にはガタガタと震えて体を温めようとします。

これは意識しなくても、体を守るために自然に起きることです。このように、気温と自分の体の働きが関係していることを実感するのは、とても大切なことなのです。

ずっと同じ季節なら、似たような服装でもかまいませんが、四季のある日本、特に季節の変わりめは気温の変動も大きく、その日その日の気象状況にあわせた対応が必要になります。

●気温の変化によって起きることを学ぼう

暖かい日に長袖や厚手の上着を着ると汗をかき、そのままにすると体が冷えすぎて風邪をひいてしまいます。

反対に、涼しい日に半袖半ズボンだと、寒くて風邪をひいてしまうでしょう。

季節にあわない服装をした時に、子ども自身が感じた不快感を確認しあいながら、どうして服装の調整が必要なのか、納得できるように、親が一緒に考えてあげましょう。

●臨機応変の対応ができるようになろう

一日の中でも、朝と昼では10度以上の気温差がある日もあります。しかも、同じ気温でも、風のある日とない日では、体感温度も変わります。

このようにコロコロ変わる天気とともに、子どもの体感温度も変わることを確認しあいながら、それにあわせた調整ができるようにしていきましょう。

実際に暑くなったら上着を脱ぐなどして体温調整ができても、事前に予測して服装を選ぶことは難しいのです。ここでは暑い時と寒い時の身体の変化について知ることがポイントになります。天気と気温の両方から予測して、少しずつ自分で服装を選べるようにしていきましょう。

支援のポイント ❷

お気に入りの服があると、ついついそれを選んでしまうのが子ども心です。

大人でも、お気に入りの服装をしていたら気持ちが浮き立ったり、なんとなく安心して過ごせたりすることがあるでしょう。

お気に入りの服装が、その日の気温に応じた物であればそれでもよいのですが、いつもそうであるとは限りません。

親の判断で、一方的に子どもに服装を変更させるのではなく、子どもが自分から適切な服装を選べるようにもっていきましょう。

●気温にあわせて選ぶ服がわかるようにしよう

その日の気温によって、どんな服装を選べばよいかが一目でわかるようにしておきます。

子どもが自分で判断して決めることは難しいので、**どんな服装をすればよいかを目に見える形で示しておきましょう。**

左のマンガで紹介したような、気温と服装の関係が一目でわかるイラストを、クローゼットに貼っておくと、一目瞭然です。子どもはその範囲の中で好きな服装を選んで着ればよいので、そんなに難しくはないでしょう。

●事前に服装を考えよう

夕方や夜に、テレビなどを利用して翌日の天気予報や予想気温を知ることができます。

その時に、**翌日は今日と比べて暖かいか涼しいかを予測し、今日の気温と服装の組み合わせは快適だったかどうかを考えあわせて服装選びができるようにしていきましょう。**

翌日も同じ天気や気温で、その日の服装が暑いと感じ、たくさん汗をかいたのなら、少し薄着にしてみよう、と判断できます。こういう基準があれば、服装選びの参考になるでしょう。**前日に準備しておけば、朝起きた時の気分で服装選びが左右されない**というのも利点の一つです。

気温や天気にあっていれば、子どもが好きな服を選んでもよいようにしておきます。暑い日に着る服は引き出しやハンガーに赤い印、涼しい日には青の印など、わかりやすい目印をつけておくとよいでしょう。日本気象協会など、その日の服装を提案してくれるウェブサイトの利用も便利です。

4 道草をしない

登校中
今日は体育があるね 何をするんだろう?
運動会の練習かな?
そうかも!
僕一番になりたいなぁ!
よし走る練習しておこう!
今がチャンスだ!
サトシくん学校遅れちゃうよ…
ちょっとくらいなら大丈夫だよー
僕たち先に行ってるよー?
そんなこといわないでランドセル見ててよ
行くよー よーい どんっ!
……

ねぇ
今の見てた？
僕速いでしょ！
なんだよもう…
ちゃんと見てて
ほしかったのに
遅刻しちゃうから
先に行くよー
……
あれ？
この虫
なんだろ？
キ〜ンコ〜ン
カ〜ンコ〜ン
え!?
もう時間!!
虫に夢中に
なってた
ぴゅ〜っ
大変だー!!

確Check認

登下校中に急に違うことをしてしまいませんか？

登下校の時間配分が苦手ではありませんか？

セルフモニタリング　プランニング　自己抑制　注意持続

自己抑制　注意持続

支援のポイント 1

道草をする背景として、目先の楽しみに注意がそれたり、「学校に着く」という目的を一時的に忘れてしまっている可能性があります。

そういった場合には、短く区切った目標を立てて、注意がそれないようにする工夫や、タイマーなどの道具を使って、注意をうながす方法を試してみましょう。

●チェックポイントを設けて通学路を整理してみよう

家から学校までの間で、目標になるような場所をチェックポイントにして、短い距離に区切ってみましょう。そうすると、「次の目標地点」が意識しやすくなるので、注意を持続させやすくなります。チェックポイントは親子で通学路を一緒に歩きながら、相談して決めていきます。

チェックポイントが決まったら、チェック表を作り、スタンプラリーのように順番にチェックを入れながら進む練習をします。

●タイマーやアラームを活用してみよう

時計やスマートフォン（以下、スマホ）のアラーム機能、タイマーなどを使って、道草をしても「あっ、学校に行かなきゃ」と気づけるようなきっかけ作りをしましょう。学校に到着する10分前、5分前と段階的にアラームが鳴るようにセットしておけると、なおよいでしょう。

スマホなどの持ち込みが禁止されている場合には、学校と相談してみましょう。

支援のポイント 2

子どもによっては、登下校のスケジュールを立てたり、先を見越して時間配分をしたりすることが難しい場合があります。

そういう場合、子どもが一人で考えても混乱してしまうので、親子で「目標の時間に着くためには、どうしたらよいか」を考えるようにするとよいでしょう。

●登下校のルールを確認しよう

まず、**家を出てから学校に着くまでの時間を確認しましょう**。それがわかれば、「なぜこの時間に家を出なければいけないのか」ということや、「道草をしていたら学校に間にあわなくなる」ということが伝わりやすくなるでしょう。

一方的に言い聞かせるのではなく、本人が考えて、理解するようにもっていくことが大事です。

一人でできるようになるまでは、登校前に親子で一緒に繰り返しルールを確認するようにし、反復練習をしましょう。

●具体的な目標時間を決めよう

たとえば、「8時10分までに教室に入るようにする」というように、**学校に到着する目安の時間をはっきりと決めることで、目標が明確になります**。

「何分前に学校に着いていたら安心できるかな？」「学校に着いてから、朝の会までの間にどんなことをしたいかな？」などと問いかけてみると、より具体的に想像できるでしょう。

この時間は、親が一方的に決めるのではなく、親子で相談して決めます。

途中で何かアクシデントがあった時、遅刻したり、パニックになったりしないように、時間には少し余裕を持たせるようにしておきます。

お友達と行くと学校には何時に着いているの？
んーいつもはチャイムの少し前かな？
遅れちゃったこともあるよ…
本当はもっと早く着くはずなんだけど…
きっと寄り道しているのね
どーん…
じゃあもう少し早く着くようにするにはどうしたらいいかな？
えー、でもたまに早く着くこともあるんだよ？
そうなのね
じゃあ毎日遅刻しないようにするにはどうしたらいいかな？
遊んだり寄り道したりしない…かな
寄り道しすぎないようにチェックポイントを考えてみようか！
サトシがいつも目印にしているところはあるかな？
曲がるところにあるスーパーと郵便局…あと橋かな？
確かにそうね
スーパー
〒郵便局

目標地点の表記は「文字」「イラスト」「写真」のどれがよいか、道順は「リスト」と「地図」のどちらがよいかなど、子どもが理解しやすい方法を相談し、チェック表を作成します。チェック方法も、好きなシールを使うなど、工夫をしてみることで、さらにモチベーションを高めることができます。

5 危ないことをしない

放課後
帰り道
今日も学校
楽しかったな～
ここを
歩いたほうが
面白そうだぞ…
♪
ヴウウウン
もっと面白い
帰り道は
ないかな…？
あっ
いい場所
めっけ！
よっと！

ふふふ
高くて
眺めもいいぞ！
よっ
ほっ
あっ
あの車
カッコいいなー
あっ！
ずるっ!!
いててて…
ただいまー
あらっ
あちこち
血が出てるじゃない！
あっ!!
ガーン!!
あんたどうして
いっつもケガを
してるの？

確 Check 認

どんなことが「危ないこと」なのか認識できていますか？
つい危険な行動をとってしまっていませんか？

プランニング　セルフモニタリング

支援のポイント 1

プランニング　セルフモニタリング

子どもに「危ないことをしちゃ駄目」といっても、漠然としていて、どのようなことが「危ないこと」なのかをよく理解できていない可能性があります。

何か行動する前に「落ちたら痛いかも」「けがをするかも」と結果を想像できていないこともあるでしょう。

そして、たとえ「危ないこと」がわかっても、どうやったらそれを避けることができるのか、そこをはっきりと理解していなければ適切な行動ができません。

● 一緒に通学路を歩いて、危険な場所を確認しよう

ただ「高いところは危ないから登ってはいけない」というだけでは、どのぐらいの高さが危ないのか、判断できないことがあります。そのため、**どの行動や場所が危険につながるのかを知る必要があるのです。**

それを確認しあうために、**通学路を子どもと一緒に歩いて確認してみましょう。この際に子どものペースで歩くようにし、親が主導してあれこれいうのは控えます。**親は子どもがどこで危険な行動をしがちなのか、どこに危ない地点があるのかを確認します。子どもが危険なことをしそうだと感じたら、その場で指摘して、なぜそれが危険であるかを伝えましょう。

可能であれば、親子で一緒に確認しながら通学するといった練習期間を設けるのもよいでしょう。

上のように子ども主体で歩くと、通学路の危険な場所、やりがちな危ない行動がわかります。はっきりと危ないと感じる場面があれば、その場ですぐに指摘しましょう。どの行動が危ないのかが子どもに伝わりやすくなります。

●どう歩くと安全に登校できるのかを確認しよう

危険な行動や場所がわかった上で、安全に対処・回避する方法を学びましょう。たとえば、実際に歩きながら「この道は横に用水路があって落ちると危険だから、真ん中を歩こうね」「車が多くて事故にあったら大変だから、この道は端っこを歩こうね」など、具体的な歩き方や、なぜそうする必要があるのかを伝えましょう。

その場合でも、**親が一方的に伝えて終わるのでなく、子どもが伝えた通りに理解して、実践できるかどうかまで確認するようにしましょう。**

自己抑制

支援のポイント2

子どもは、事前にやってはいけないといわれていて、自分でも理解しているはずなのに、つい我慢できずにやってしまうということが少な

くありません。

日頃から、冒険心を刺激されたり、誘惑されたりする場所が決まっているようなら、学校とも相談して、通学路そのものを変更することも考えましょう。

●道順変更で危険な行動を回避

特定の場所が危険な行動につながる場合には、その場所を避けるような道順に変更することも検討しましょう。

学校では、さまざまな事情から通学路を定めていて、それ以外の経路での通学を認めていない場合も少なくありません。粘り強く交渉するつもりで、学校に相談をもちかけてみましょう。

もし通学路を変更したあとに危険な行動が減ったら、それをしっかりとほめてあげてください。それによって、子ども自身が正しい行動を選択できるようになっていきます。

危険な事柄に関して、親はついつい先回りして、指摘してしまいがちです。ヒントは与えつつも、できるだけ子ども自身で適切な選択ができるようにうながしてみましょう。自分で選択すること、自分の口で声に出すことは、ただ聞かされたことよりも意識に残りやすくなります。

6

手を洗う

ただいま～
おかえり～
外から帰ってきたら
手を洗ってね
うへ～い
あ
ドーナツ
みっけー
ちょっとサトシ
手洗いまだ
でしょ！
あ！
もう！
ドーナツ食べたいなら
手をきれいにしなきゃ
わかったー
洗ってくる～

カレーをまずくした犯人は…
←洗面所
このナスビーだ!!
名探偵コナス!!
(大好きなアニメ)
夢中
そしてニンジンくん君も共犯だっ
真実はいつもひとーつ!
……
無意識に食べようとしてる
で手洗いはしたの?
ピキーン
あれっ?もしかしたらまだかも…
…あなた手洗いしたかどうかまで忘れちゃうの?

確 Check 認

手洗いをする必要がある状況がわかっていますか？

一つひとつ声かけが必要になっていませんか？

支援のポイント 1

子どもは、泥んこや絵の具などで汚れが目に見える時は、比較的抵抗なく手を洗うことができるものです。

でも、細菌やウイルスなどの見えない汚れに対して、手を洗うという習慣はなかなかつきにくいのです。

なぜ、外から帰ったら手を洗う必要があるのか、目に見える資料なども使いながら、繰り返し話して聞かせましょう。

必要性をきちんと理解すれば、無理なく取り組めるようになります。

●見えない汚れへの理解を深めよう

細菌やウイルスは目に見えないので、手を洗う必要性を言葉で説明するだけでは、子どもに伝わりにくいところがあります。**インターネットなどから、細菌やウイルスが手に付着している写真や映像などを探してきて、目に見えなくても汚れがついていることを理解させます。**その細菌やウイルスが体内に入ると、病気になったり、体調が悪くなったりすることを説明して、これらを予防するために手洗いが必要であることを、具体的な例を挙げて、繰り返し話して聞かせましょう。

それでもつい手洗いを忘れてしまいがちならば、帰宅した時に真っ先に目に入る場所に、細菌の写真や病気の説明などを貼っておくとよいでしょう。

何もいわれないのに、きちんと手洗いを済ませることができたら、おおいにほめてあげてください。

※手洗いにも適度な回数や時間があります。意識し過ぎて何回も洗ったり、長時間洗ったりすることのないよう注意が必要です。

見えないものや出来事を「見える化」しましょう。子どもが理解できる情報（写真や映像）を用いて具体的に伝えていくことがポイントです。そして、どうすればよいのかもあわせて具体的に見える形で情報を伝えることが重要です。

自己抑制　プランニング

支援のポイント 2

家に帰ってから、やるべきことが定まっていないと、ついつい自由に、思うがままに行動してしまいがちです。思いついたことや目の前のことに気を引かれて、その時の気分で行動してしまわないように、「どんな場合であってもこれだけはする」というものを整理して伝えるようにします。

「一日を予定通りスタートできる」（22ページ）の項目で紹介したように、子どもが帰ってきてからやらないといけないことを、親と一緒に相談して、目に見える形でまとめておきましょう。子どもが自分で理解して行動できるようにしていきます。

●いわれなくても自分から行動できるようにしよう

子どもが家に帰ってからやるべきことを習慣化できていないのであれば、**子どもにやってほしい行動を具体的に伝えていく必要があります。もし一つひとつに声かけが必要なら、それはただ指示に従っているだけで、受け身の状態です。**

言葉の情報はすぐに消えてなくなったり、指示する人のペースにあわせなければならなかったりするので、子どもの目に見えるやり方（文字、イラスト、写真など）で、やるべき手順を示すようにします。視覚情報ではっきり示してあれば、何をするのかを忘れた場合でも自分のペースで確認することができます。

たとえほかのことに注意がそれても、「次に何をしないといけないか？」を子どもに尋ね、視覚情報を頼りに自分で行動を修正できるようにしていきましょう。

先の見通しが立つようになっていれば、やるべきことをしたあとは、次は自分がしたいことができる、といったプランニングや自己抑制をする力も育ちやすくなります。

示した情報を子どもが理解しているかどうかを確認する必要があります。文字が難しい場合は、イラストや写真など子どもがわかる情報で伝えます。また視覚的に示す情報は子どもがすべきことだけではなく、望んでいることも併せて示すようにします。指示ばかりだと見ようとしなくなるからです。

7 部屋を片付ける

遊んだらちゃんと片付けるのよ
はいはい
ブロック
15分後
うわーぐっちゃぐちゃ!
散らかした本人はどこへ…?
ここにいたか…
ドガン
バキューン
ブロック使ったら片付けをするっていったよね?
うるさいな このバトルが終わったら片付けるよ!

30分後
そろそろ片付けしなさい
ゴゴゴゴ
ゲッ…
ちぇっ…片付け嫌いなんだよなぁ〜
あ！これ探してたブロックだ！
45分後
ごちゃー!!
片付けていたはずなのになぜー!?
結局私が片付けるはめに…
しくしく

確 Check 認

片付けている途中で、別のおもちゃで遊んでしまっていませんか？

家中いろいろな場所で遊んで、おもちゃを散らかしていませんか？

ワーキングメモリ　注意持続　セルフモニタリング　自己抑制

支援のポイント 1

ワーキングメモリ　注意持続

片付ける場所が物であふれていたり、片付ける方法が複雑だったりすると、途中でほかの物事に目移りしてしまい、片付けられなくなってしまいます。

どこに片付けるかをはっきりさせて、簡単に片付けられるように工夫することで、子どもが自分で片付けられる環境にしましょう。

●片付ける場所を明確にしよう

どこに片付けるのかをはっきりと決めて、いつも同じ場所に片付けるようにします。すき間なくきっちり並べないと入らないのでは、子ども一人で片付けられないので、**収納スペースには余裕をもたせておきましょう。**

何をどこに片付ければよいか、ひと目でわかるように、片付ける物の写真を貼って示したり、色分けした箱を用いて分類したりします。

この時に細かく分類しすぎると、逆に片付けが難しくなってしまうので、子どもの状況にあわせて、大まかな分類にするようにしましょう。

●片付け方を簡単にしよう

購入時の箱を使うと、きちんと片付けることはできますが、手先の細かな動きを要求されて、子どもには難しすぎる場合があります。

また、細かく袋に仕分けするようなやり方も、集中が続きません。

プラスチックの箱や缶などを利用し、簡単に片付けられるようにしましょう。

どの箱に何を片付けるかを子どもに決めさせるのもよいでしょう。自分で決めることでより片付けへの意識が高まります。片付ける箱を決めたら、そこに片付けるおもちゃの写真を箱に貼って、具体的に片付ける場所を示すようにするとよりわかりやすくなります。

支援のポイント2

おもちゃの量が多かったり、家中あちこちで遊んだりすると、おもちゃが散乱してしまい、結局片付けが大変になってしまいます。
おもちゃの量を調整することや、遊ぶスペースを限定することで、子どもが遊んだあとに自分で片付けやすい環境にしましょう。

●おもちゃの量を調整しよう

おもちゃの全体量が多いと、それだけ目移りしてしまい、あれもこれもと出して、収拾がつかなくなることがあります。定期的に整理をしないと、子どもの成長にあわせ、おもちゃはどんどん増えていく一方です。**進級の節目や夏休みなどを利用して、使っていないおもちゃを処分したり、見えないところに保管するようにしてみませんか。**こうして今使えるおもちゃの量を調整するのです。
親が勝手に処分しないことが大切です。親子で不要品の売買サービスなどを利用して、売れたらお小遣いにするように約束しておくと、整理するモチベーションになるかもしれません。

●遊ぶスペースを決めて遊ばせよう

家の中ならどこで遊んでもよいというのではなく、子どもが自由に遊べる場所を決めておきましょう。
たとえば、子どもがリビングで遊びたいというなら、マットを敷いたり、家具などの向きを変えて、少し区切られた空間を作るなど、「ここが遊び場」と明確にします。
おもちゃは収納場所からそのスペースに運んで遊び、終わったら片付けに行くというメリハリをつけます。
こうして環境を調整してあげることで、自分で片付けられる経験を積み重ね、習慣化することができます。決められたスペースからはみ出して遊び始めたら、ひと言声をかけて、注意をうながしましょう。

遊び場所から出て遊んでいた場合、「ダメでしょ!」という否定の声かけではなく、どこで遊べばよかったかの確認をするとよいでしょう。そこが理解できていないようであれば、より具体的に遊ぶ場所がわかるように、家具などを移動させて遊ぶ空間を作るなどの環境調整をおこなう必要があります。

8 物をなくさない

そろそろ宿題の時間じゃない?
ほんとだー
今日の宿題は何だっけ…
ごちゃ〜っ
定規を使うんだけど…
あれぇ?どこにやったかなぁ…
あっ!これ探してたモンモンカードだ!
ここにあったのか〜
明日学校でみんなに自慢しようっと♪

…そうそう 定規を探してたんだ
いったい どこに…?
あっ これこの間読みたかったヤツ!
この巻だけ見つからなかったんだよねー♪
サトシ… 宿題やるんじゃなかったの?
そうだった…
定規がどこにもないんだよね~
定規?
あなた 昨日定規で 背中かいてたわよ
ポリポリ
そうだった! 確かベッドのところに…
あった~!
なんだか 探し物だけで 疲れちゃった…
まずは机の片付けから しないと宿題が 始められないわね…

確 Check 認

使った物をそのままにしたり、いろいろな場所に置きっ放しにしていませんか？

気になる物があると、片付けずに次の行動に移ってしまいませんか？

支援のポイント 1

よく物をなくす理由に、使った物をそのままにしてしまうことが考えられます。使った物をそのままにして次の行動に移ると、次に同じ物を使いたい時にどこにあるのかわからなくなってしまうのです。

子どもによっては、元に戻さないといけないとわかってはいても、面倒くさいと感じてそのままにしてしまうこともあります。

別の行動に移る前に、「次に使う時のためにも、使い終わったら元に戻そう」と思える環境調整が大切です。

●戻す場所（定位置）を一緒に考えよう

物を使ったあと、元に戻すことに意識を向けやすくするため、**何を、どこに片付けるのか、予め決めておきましょう。** 戻す場所がすぐにわかれば、子ども自身も片付けに意識を向けやすくなります。

この時、親が勝手に収納場所を決めてしまわず、実際に片付ける子どもの意見を聞きながら、一緒に考えるようにしましょう。

Column

「元に戻しておくといいことがある」

出した物を元に戻す習慣が身についてきたら、何かをする時に必要な物を探す時間がなくなり、その分自分のしたいことができる時間が増える、ということも実感させたいですね。

それが実感できると、使用後に元に戻すことも苦にならなくなってきます。

子どもが納得して、片付ける場所を考えることが大切です。よく物をなくしている事実を客観的に伝えたり、元に戻すことのメリットを伝えたりして、子ども自身が物の置き場所を決められるようにうながしましょう。

子どもは、何かの目的があって使った物は、その目的が終わったらそこまでで、片付けまでを、一つの流れとして意識することが苦手です。

また、片付けをしなければいけないとわかっていても気になることがあるとそちらに気を取られ、散らかったままにしてしまうこともあります。

物を使うことと、片付けることを別々に考えるのではなく、使ってから片付けまでを一連の行動として意識し、身につけることが大切です。

●日常生活の中で習慣化させよう

日常生活の中で**「出す」→「使う」→「片付ける」を一連の行動として、習慣化できるようにしましょう。**

たとえば、脱いだ靴はそろえる、扉を開けたらすぐに閉める、座った椅子は机の下に戻す、おやつを食べて出たゴミはゴミ箱に捨てる、冷蔵庫から出したジュースはコップに入れたら戻すなど、「元に戻す」行動はたくさんあります。

細かいことですが、**このような行動習慣を身につけることで、使いたい物がどこにあるかすぐにわかり、物を管理する力の向上にもつながります。**

●実際に元に戻せているか確認しよう

行動習慣はすぐには身につきませんから、はじめのうちは、実際に元に戻せているか、周囲の大人が見守りましょう。

もし、何もいわれなくても元の場所に戻すことができたら、おおいにほめてあげてください。

逆に、子どもが片付けずに別のことを始めたら、「あれ？ 何か忘れてない？」「次のことする前に何をするんだっけ？」などと、思い出せるような声かけをし、片付けに注意を戻しましょう。

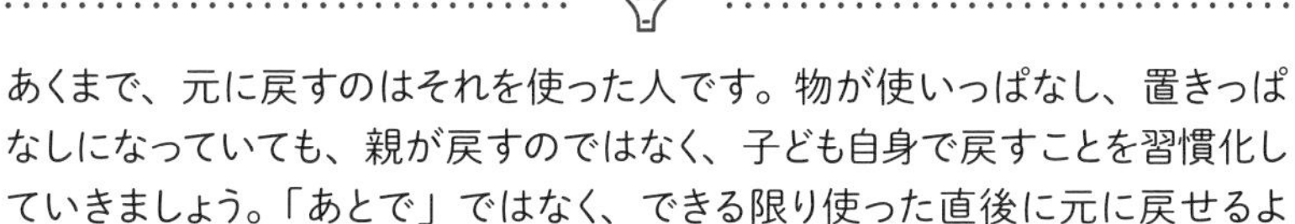

あくまで、元に戻すのはそれを使った人です。物が使いっぱなし、置きっぱなしになっていても、親が戻すのではなく、子ども自身で戻すことを習慣化していきましょう。「あとで」ではなく、できる限り使った直後に元に戻せるようにすることが大切です。

9 出来事を伝える

ただいま～
おかえりなさい
今日はどんなことしてきたの?
いろいろ～
それよりゲームやるんだ!
学校で友達に迷惑かけてないかとか先生に注意されなかったかとか聞きたいことが一杯あるんだけどな…
夕食の時間
さっきの話なんだけど「いろいろ」ってどんなこと?
べつに…いろいろはいろいろだよ
算数では何をしたの? 授業にはついていけてる?
それから宿題は?
あ そういえば宿題あった!

今日のところは難しいの？
うるさいなぁ宿題できないじゃん！
ガーン！
じゃあ宿題が終わったら話そうね…
はいはい
ただ様子が知りたいだけなのに
はぁ～
なんだか難しいわ…
ねえサトシ宿題は終わった？
そろ～り
ZZZ…
もう寝てるし…

確 Check 認

話しかけたことに対して答えることはできていますか？

一日を振り返ることができますか？

ワーキングメモリ シフティング

支援のポイント 1

「どうだった？」「何をしたの？」などと子どもに聞いてもうまく返答ができない場合、ほかに意識が向いていて、複数のことに同時に対応するのが難しいのかもしれません。

聞きたいことがある時は話をする時間を設け、集中できる環境で話をするようにしましょう。

●紙やホワイトボードに書きながら子どもと話そう

ただ漠然と話す時間を設けるのではなく、**何を伝えてほしいかがわかるように、紙やホワイトボードに書き出しておきます。**

こうしておくと、今は何を聞かれているのか、どこまで話が進んだのか、いつ終わるのか、などがわかるので、落ち着いて話をすることができるでしょう。**内容が項目立ててあるだけで、終わりの見通しを示しながら話ができるのです。**

うまく伝えられる環境があれば、子どもから話をしてくれるようになってきます。

●具体的に質問しよう

「今日は何をしたの？」といった抽象的な表現はわかりにくく、答えにくいものです。今日あったたくさんの出来事の中から、優先順位を考えたり、相手が求めている情報を選択したりしなければならないからです。

それで「わからない」「べつに」というあいまいな返事になってしまうことがあります。答えやすいように、**「昼休みは誰と遊んだの？」などとなるべく具体的に質問しましょう。**

はじめは答えが明確なことから順に尋ねるようにするとよいでしょう。そしてできるだけポジティブな面で話せる内容から確認するようにします。また、話が済んだものから、確認の印として項目に横線を入れたり、数字に丸チェックをしたりするとさらに見通しがつきやすくなります。

支援のポイント2

一日の振り返りをするにも、何をどこから振り返ればよいのか、情報の優先順位がわからず整理できないことがあります。

手がかりを見つけて、それにそって話を聞き出すようにしましょう。

問い詰めるのではなく、子どもが楽しくその日一日を振り返ることができるような工夫をするとよいでしょう。

●スケジュールを見て、エピソードを視覚化して確認しよう

一日を振り返る時は、**週間予定表などのスケジュールを手がかりに、その時の出来事を一つひとつ確認していくとよいでしょう。**

その場合、聞き手になる親は、話してくれたエピソードを、メモしながら進めていくようにします。そうすることで、子どもに自分の話をちゃんと受け取ってもらえていることが伝わりますし、その都度、話した内容を自分のペースで確認できるでしょう。

さらに、それによって別のエピソードを思い出したり、間違いを訂正したりすることもできます。

子どもが一日の振り返りをして、楽しかったことやうれしかったことを親に話した時、ほめてもらったり、共感してもらったりしたら、自分からいろいろな話をするようになってきます。

しかし、欠点の指摘や叱りつけるためだけにこの方法を使っていると、どんどん話をしたがらなくなります。

普段から、話してくれたことに対し、ポジティブに反応することを心がけるようにしましょう。

もし、ネガティブな反応をする場合は、これから先の改善につながるように、どこを修正すればよかったか、今度はどこに気をつければよいかなど、次につながる内容を中心に話すようにするとよいでしょう。

話を聞く時は同調したり、共感したりしながら傾聴しましょう。そうすることで、徐々に自ら話をしてくれるようになります。詳しく話を掘り下げたい場合は、人間のイラストと吹き出しなどを用いて、「誰が何をどうしたのか」などとその時の状況を描きながら確認していくとよいでしょう。

10 配布物を渡す

これは大事なおうちの人に必ず渡してくださいね
ちゃんとランドセルに入れてください
はーい
じゃあサトシくんあとでね！
うん！帰ったらすぐお菓子持って行くよ！
おかえりなさい
ただいま！タロウくんの家に行くからお菓子ちょうだい！
ポイッ
お友達のお家ではちゃんとするのよ！
ところで今日は何かプリントはないの？
ないっ！
あらあら…

帰宅後
あー楽しかった!
手洗いしてね
あと今日は本当にプリントないの?
そういえばあったかも…
プリントはあったの?
あったかなぁ忘れてきたかなぁ…
え?それって大事なプリントじゃないの?
そんなのわかんないよー
どうしていつもプリントを忘れちゃうのよ?
ランドセルに入れたような気がするんだけどなぁ…
その夜
えーと明日は国語と音楽と…
あ!
ランドセルの底で蛇腹折りになってた

確 Check 認

配布物を持って帰ることができていますか？

配布物をカバンから出して、手渡すことができていますか？

支援のポイント 1

配布物が配られる時に、ほかのことに気を取られていたり、身のまわりが整理されていなかったりして、そもそもカバンの中に入れて持って帰ってくることが難しい場合があります。

間違いなく配布物を持って帰ってこられるように、**「魔法のアイテム」**の活用とルール決めが必要です。配布物には大切な用件や、申し込みに締め切りの期日があるものなどが、たくさんあります。それらがいつまでも学校の机の中にあるのでは、用が足りないばかりか、思わぬ迷惑をかけることにもなります。

●魔法のアイテムの活用とルール決めをしよう

A4ぐらいの大きさで、**ジッパーやスライダーがついた透明の連絡袋などを準備しましょう。配布物があったら、必ずその袋に入れるように約束します**。学校によっては、連絡袋を新学期に全員に持たせてくれるところもあるようですし、各家庭で準備するように指示される場合もあるでしょう。

基本的に連絡袋はランドセルの中に入れておいて、配布物があったらすぐにそこに入れることを習慣化していきます。

これは学校でおこなわれることなので、先生に相談し、必要に応じてひと言かけてもらうなど、協力してもらうよう、お願いをしておきましょう。

子どもの側からも、連絡袋に入れた時に「今、連絡袋に入れました」というように、先生に報告するという約束にしておいてもよいでしょう。

先生の協力が必要です。配布物を連絡袋に入れたかどうか、その連絡袋をカバンに入れたかどうかの確認を先生におこなってもらう必要があります。初期の段階では子どもが気づけるように声かけしてもらうことや、できていることに対してほめてもらうなどして行動を強化していきます。

支援のポイント 2

配布物をカバンの中に入れてあっても、帰って出すことを忘れてしまっている場合があります。出し忘れることがないようなルール決めと環境調整が必要です。

●生活動線上の気づきやすい位置に入れ場所を設けよう

家では連絡袋を入れる場所を決めて、家に帰ってきたら必ずそこに入れるルールにしておきます。 連絡袋を入れる場所は、家に帰って必ず通るところにして、忘れていても目に入る場所を選びます。

親も忙しくて、つい連絡袋を確認するのを忘れてしまうことがあります。そんな場合にも、目につくところを置き場所に設定することで、お互いに確認することができます。たとえば、ダイニングテーブルの近くにしておくと、食事の時に確認しあうことができるでしょう。

子どもが入れ忘れて、親がそれに気づいても、叱りつけるのではなく、「あれ？ 連絡袋はどうしたかな？」などと、さりげなく声かけをし、**本人が自主的に行動できるようにうながします。** 何もいわずに入れられたら、しっかりほめてあげましょう。

Column

保護者のネットワークも活用！

LINEなどSNSを利用して、親しい保護者と連絡を取りあい、配布物の有無や、持ち物や時間割の変更などを共有するとよいでしょう。そうすれば、万一子どもが忘れていても対処することができます。

ただし、親が先に立って対応するのではなく、「プリントはなかった？」など と、声かけをして、子どもにも思い出させるようにしましょう。

決められた場所に連絡袋が出せていなくても、その件に関して指摘をするのではなく、子どもに気づかせる声かけをします。また、入れ物をテレビの横に置くなど、より注目しやすい場所に変えたり、自分で置き場所を決めさせたりするのもよいでしょう。

11 ゲームやテレビを我慢して宿題をする

またゲームやってるの？宿題は？
もうちょっとしてからやるよ
もうちょっとっていつよ？
もうちょっとだってば
ダメダメ先に宿題をしてからにしなさい
終わらせたらいっぱいできるじゃない
えーでも…
ゲーム取り上げるよ！さっさとやりなさい！
ゲームは終わってから！わかった？
しぶしぶ
はーい…
30分後
そーっ…
あれだけいえばさすがに…
あんた何やってるのー!?
びくっ!!
!!

集中して宿題に取り組めていますか？

ゲームやテレビを約束の時間で終わらせることができますか？

注意持続

支援のポイント 1

家の中には魅力的な誘惑がたくさんあります。そのため気が散らないように、集中して取り組める環境調整をおこなう必要があるのです。

また、宿題の内容や量が子どもの能力にあっていないのも集中できない要因となります。負担が大きいようなら先生に相談してみましょう。

●集中できる環境を整えよう

自室では好きな物が目について集中できない場合には、リビングなど親の目の届く場所で宿題をさせてもよいでしょう。

刺激が少なくなるように周囲の物を整理したり、家具の配置を変えたりして物理的に集中できる環境を整えることも必要です。

●宿題の内容や量を確認しよう

宿題の内容や量が子どもの能力にあっていないため宿題に対する意欲が低下し、集中が途切れやすくなってしまうことがあります。

家庭学習を学校任せにせず、宿題について先生と一度確認する場を設けるとよいでしょう。

●スモールステップで取り組ませよう

宿題の量に対する見通しがつかず、意欲が低下して注意が途切れてしまう場合があります。**一度にすべてをやろうとするのではなく、子どもができそうなところで、いったん区切って取り組むようにします。**この区切りは自分で決めることがポイントです。小さなゴール設定をして、終わりの見通しを立てながら、一つひとつの達成感を感じることで、意欲的に取り組むことができます。

小さなゴール設定を子どもに決めさせることが大事ですが、課題の難易度によって調整が必要です。学習の習熟具合などを日々確認しておくとよいでしょう。また、蛍光ペンなどを用いて視覚的に区切るほうがよい場合もあるので、子どもがわかりやすい情報で確認できるようにしましょう。

支援のポイント 2

終わりの時間を決めていても、それが口約束であったり、周囲の対応があいまいだったりすると、時間を過ぎてもルールを守れないことがあります。終わりの時間をはっきりさせて見えるようにしたり、終わりの時間が来たらタイマーなどのスイッチを切るなどして徹底することが重要です。

●終わりを明確にし、対応を徹底しよう

　約束した時間は紙やホワイトボードに書いて見えるようにしておきましょう。また、時計を置くだけでは、時間が過ぎても気づけない場合があります。この場合はタイマーをセットするようにします。子どもが自分でスタートをして、タイマーを止めるボタンも自分で押すようにします。そうすることで、人からいわれて動くのではなく、自分で終わらせるという行為につながりやすくなります。

それでも終わらせることができない場合には、ゲーム機の機能を使って、強制的に中断させることができる場合もあります。テレビの場合は、オフタイマーの機能を活用して、時間が来たら電源をオフにすることができます。**いずれにしても、約束の時間になったらそれ以上できないように終了するという徹底した姿勢が大切です。**

●宿題を終わらせたら、子どもによいことがあるように設定しよう

　宿題に対して意欲がわかないようであれば、宿題が終わったら子どもにとってよいことがあるように時間を調整しましょう。時間の感覚がつかめない場合は、時間を視覚化して見えるようにします。

　やるべきことを早く終わらせたら、その分だけ自分がやりたいことの時間が保障されること、その時間の量が見えることで、意欲的に取り組むことができます。

時間の量は見えないので、口頭だけでの条件提示では理解することが難しい場合があります。目には見えない量を書き出して説明することで、情報が伝わりやすくなります。また、選択肢を設けて、子どもが自分で決めることにより、納得して行動することができます。

12 翌日の準備をする

ある日の午後
プルルル
サトシさん今日も忘れ物がありまして…
げっ！先生から電話！
なにごと!?
山田先生
携帯
あちゃ～…
そういえば今朝も確かにあわててたなぁ…
サトシく～ん
お友達が待っているよ早くしなさい！
あわわ…
実は明日も持ち物が一部変更になっていますので
サトシさんと確認をお願いします
わかりました

夕食後
ねえ
明日の持ち物に
何か変更が
あったんじゃない？
え
なんでお母さんが
そんなこと
知ってるの？
先生がわざわざ
お電話くださったの
忘れないように
早めに準備しようよ
これ見終わったら
やるよ～
気づいた時に
やらないと
忘れちゃうわよ
大丈夫
だって
ばっ!!
大丈夫
じゃないから
いってるのよ!!
そんなに
怒らなくても…
しーん…
いつになったら
自分でできる
のかしら？
はあっ…

確 Check 認

準備をする時間にゆとりはありますか？ プランニング

連絡帳に持ち物を書くことができていますか？ ワーキングメモリ

週間予定表と連絡帳を見比べて確認できますか？ シフティング

プランニング 支援のポイント 1

朝は、起床してから家を出るまでの時間にするべきことがたくさんあるので、余裕がありません。準備は前日におこなうように習慣づけましょう。家に帰ってからの流れを確認して、自分で時間を決めて取り組むようにしましょう。

また、簡単に準備ができるための環境調整も重要です。学校で使う道具がバラバラになっていると準備をするのに時間がかかり、取り組むことが難しくなってしまいます。日頃から道具を整理しておく必要があります。

●視覚的に確認していこう

前日に準備することを決めていても、どのタイミングで準備をすればよいかがわからない場合があります。**家に帰ってから子どもがすることを一度書き出して、可視化して確認します。**それに基づいて、どのタイミングで準備をすればよいかを一緒に考えてみましょう。準備をする時間を親が指示するのではなく、子どもが自分で時間を決めることがポイントです。

●準備しやすい環境を作ろう

教科書やノートなどがバラバラにあるとそれを確認するのに時間がかかります。教科毎に必要な物を袋型のファイルに一まとめにしたり、そのファイルと中身に同じ色のシールを貼って**片付けやすい環境を作っておくと、準備の際にバラバラになることなく、準備がしやすくなるでしょう。**

ワーキングメモリ

支援のポイント②

忘れ物をしないために、まずは指示された情報を理解する必要があります。また、理解した情報を、忘れず家まで持ち帰らなければなりません。

これは興味関心によっても左右されるので、連絡帳などの**「魔法のアイテム」**を用いて、情報を書きとめ、それを忘れずに持ち帰ることが必要になります。

●連絡帳を活用しよう

まず学校の先生の理解と協力を得て、子どもが連絡帳を書けているかどうかを確認してもらう必要があります。**「連絡帳を書いたら必ず先生に見てもらう」というルールを設けて取り組むとよいでしょう。**文字を書くのが苦手な場合は、先生と相談し、写真を撮るなど別の手段で情報を記録することができるようにします。

シフティング

支援のポイント③

基本的には、週間予定表に書かれている持ち物を確認しながら準備をします。

予定や持ち物の変更等がある時は、連絡帳を確認し、この二つの情報を照らしあわせて調整する必要があります。

うまくできない場合は、一緒に確認してあげるようにしましょう。

●変更点を目に見えるようにしよう

連絡帳がきちんと書かれていれば、その情報を基に、変更点を週間予定表に書き込んで確認していきます。最初は親が確認して、子どもに書き込ませるようにし、徐々に子どもが一人でできるようにしていきます。**目に見えることで、変更や中止、追加があっても適切に対応できるようになっていくでしょう。**

※総合学習…総合的な学習の時間の略。

大人もスケジュール帳を活用して、予定やその準備の確認をおこないます。将来、スケジュール帳を活用できるように、楽しみにしているイベントや友達と遊ぶ約束などをカレンダーに書き込む習慣を身につけていきましょう。興味関心があることから始めるとより注目しやすくなります。

13 約束を守る

サトシくん
じゃあ家で
待ってるね!
りょーかい!
私も
シゲルくんと
遊びたいな
うん、いいよ
一緒にゲーム
やろうよ
私、シゲルくんの家
わかんないから
三角公園で待ち合わせ
しようよ
わかった!
じゃあ
あとでね♪
急いで
行くよ
ただいまー
シゲルくんの家で
遊んでくる!
帰りは何時?
5時には帰る
じゃあ
いってきまーす!

遅くなっちゃったから近道しよう！
シゲルくんのうち
三角公園
サトシのうち
サトシくん遅いなぁ…どうしたんだろ？
翌日
昨日は楽しかったね！シゲルくんってゲーム上手なんだね～
また今度おいでよ！
サトシくん！
昨日どうして三角公園に来てくれなかったの？
あ、しまった…
ミホちゃんごめんね…
サトシくんなんて知らない！

確 Check 認

時間が経つと約束を忘れてしまうことがありませんか？

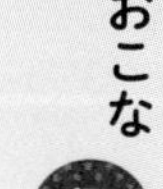

約束したことをすべてその通りにおこなうことが苦手ではありませんか？

支援のポイント 1

ワーキングメモリ

子どもは、約束した時はわかっていても、時間が経つと忘れてしまうことがあります。

約束を守るためには、約束を覚え、必要な時に思い出すことが必要です。子どもにあわせて、友達との約束を覚えやすく、思い出しやすい方法を一緒に考えましょう。

●約束を思い出せる方法を伝えよう

子ども同士の約束は、家以外の場所で、口約束で交わされることがほとんどです。そのため、**家の外であっても、子どもがいつでも記録できる手段が必要です。**

たとえば、メモは子どもが持ち歩くことができるので、約束をしたらすぐ文字にして記録したり、約束を忘れた時に見返したりすることができる、とても有効な**「魔法のアイテム」**です。

ただ、**メモは持っているだけでは意味がありません。大切なことは自分からメモする習慣を身につけさせることも重要です。**

実際にメモを使うことによって、うまくいった経験が積み重なれば、自分からメモをするようになっていきます。

たとえば、おつかいを頼む時に、買ってきてほしい物をメモさせ、買い忘れのないようにしてみるとよいでしょう。頼んだ物がきちんと買えたら、しっかりとほめてあげてください。

将来的には、スマホなどデジタル機器のメモ機能なども活用できるようになるとよいでしょう。

子どもが自分からメモを使おうと思うことが大切です。そのために、約束を忘れてしまった理由を考えたり、一度にたくさん覚えきれないという自分の特性に気づかせたりするとよいでしょう。「自分はダメだ」と思わせないように、忘れることは悪いことではないという姿勢で伝えることを意識します。

支援のポイント2

子どもはたくさん約束しても、約束したことを整理できず、すべての約束を達成できないことがあります。

約束をしたら、その約束の数だけ、守るためにどうしたらよいかを考えることが必要です。遊びに行く前に、約束の確認と守るための行動の順番を一緒に考えてみましょう。

●約束の内容を確認しあおう

子どもが遊びに行く前に、**その日約束したことを聞いて確認するようにしましょう。**たくさん約束をしている場合は、リストアップしてわかりやすく整理するとよいでしょう。

親が一方的に整理するのではなく、まずは子どもに一つひとつ約束を思い出させていきます。**メモを見直すのもよいでしょう。**そしてすべての約束を果たすためにはどのような順序で行動すればよいか、子どもと一緒に考えましょう。行動の順番が決まったら、それもメモに残しておくようにするとよいでしょう。

Column

「自分だったら」と考える習慣も大切

子どもにとって、相手の立場に立つ、相手の気持ちを想像する、というのは、意外に難しいものです。場合によっては、約束を破られた相手の怒りを「そこまで怒らなくても…」と不満に感じたり、「自分は悪くない！」と自己弁護を始めてしまうこともあるかもしれません。

そんな時、親が少し手助けをして、約束を守らないとはどういうことか、それによって相手がどんな気持ちになるのかを考える機会を作りましょう。

その子が想像しやすい場面を設定して、話してあげるとよいでしょう。

頭の中で行動を順序化するのではなく、できるかぎり約束をリストアップして「見える化」するとよいでしょう。ここで重要なのは、子ども自身が行動を計画することです。大人は、ほかに約束したことはないか、本当にその計画でよいかなど確認する程度のかかわりにしましょう。

14 ルールを守る

今日は公園に誰かいるかな〜？
あ、ボールで遊んでる！
僕も仲間に入れて〜！
じゃあ3対3でドッジボールしよう！
負けないぞ〜！
よーし行くよー！
サトシくん線から出ちゃダメだよ！
えー？

みんなが遠いから届かないよ！
もっと近くで投げさせて！
ルールを守ってみんなで遊ぼうよ
…わかったよ
あっボールが来るぞ！
わーっ！
だから線を出ちゃダメだってば
あ…
サトシくんボールはよけるかキャッチするんだよ線は出ないでよ
わかってるんだけどわざとじゃないんだよ
わーサトシくんアウト！
ポ
外野に行くのヤダ！もうやめる！
……

確 Check 認

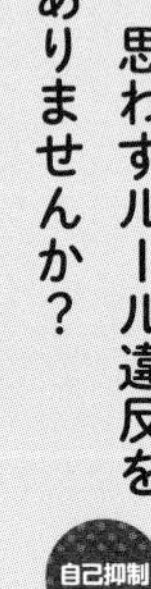

遊びに夢中になり、思わずルール違反をしてしまうことがありませんか？　自己抑制

ルール違反をしたのに、納得できず、イライラしてしまうことがありませんか？　シフティング

自己抑制

支援のポイント 1

遊びに夢中になったり、うまくできなかった時に、子どもは決められたルールを忘れてしまうことが少なくありません。

また、子ども同士の遊びでは、ルールがあいまいなままになっていることもよくあります。

子どもがルールを守れない傾向があると感じたら、遊ぶ前に時間を取り、ルールの確認をして、しっかり守るべきものだと意識させるようにするとよいでしょう。

場合によっては、少しだけ大人が介入するようにしてもかまいません。

●全員が納得できるルールにしよう

同じ遊びでも、子どもによってルールが微妙に異なる場合があります。その場合、みんなが納得できるルールに統一する必要があるでしょう。

ルールは、誰か一人が決めるのではなく、子ども全員が納得できるものでないと楽しくありません。

ルールを意識するためにも、子ども自身が考える過程が大切です。子どもたちだけで難しい時には、大人が加わり、質問したり確認したりしながら進めるとよいでしょう。

●ルールはできる限りシンプルにしよう

ルールが複雑な遊びもありますが、**全員が納得できるものにするには、できるだけシンプルにするのが理解しやすいでしょう。**

簡単にしたルールを事前に確認しあっておくことで、**ルール違反をした時にも、自分の行動を確認したり修正したりしやすくなります。**

遊ぶ前にルールを確認し、ルール違反を未然に防ぐことが大切です。子どもたちの意見がまとまらない時は、大人が加わり、内容を整理する手伝いをします。ルール違反をした時や思い通りにいかない時には、事前に決めたルールを再確認し、イライラする気持ちを落ち着かせるようにします。

シフティング

支援のポイント 2

せっかくルールを決めて遊び始めたのに、実際にやってみるとうまくいかず、イライラして気持ちを切り替えられないことがあります。特定の子どもだけが、何度もルール違反をしてまわりから注意され続けてしまうこともあるかもしれません。

全員が楽しめない、難しいルールであれば、柔軟に変更することも教えてあげましょう。

●子どもたちで新しいルールを考えてみよう

どうしたら全員が楽しめるかをポイントに、子どもたちが考えることが大切です。

子どもたちだけで調整するのは難しいので、最初は大人がお手本を見せる必要があります。子どもたちの意見を調整し、新しいルールを作るやり方を見せるわけです。こうして、ルールは状況に応じて、臨機応変に変えてもよいことを実体験する機会を作りましょう。

●ルール変更は最小限にしよう

ルール変更はいいのですが、**何度も変更をすると、子どもが混乱する原因になってしまいます。**

ルール変更をしたら、それをみんなが理解できるまで何度か試してみて、それでも不都合があるようならそこだけ修正するというように、**最小限の変更にするようにしましょう。**

Column

特別ルールでみんなが楽しめる！

運動能力や知的能力にハンデがある子でも、その子だけに適用される特別なルールがあれば一緒に楽しめる場合もあります。大人が強制するのではなく、子どもたちから自然発生的に「こうしたら○○くんも仲間に入れるね」と提案されるような関係があるとよいですね。

ルール違反をしても自分で切り替えて修正できることは重要ですが、難しいルールで遊び続け、何度も失敗（ルール違反）させては意味がありません。何度もルール違反をしてしまう場合は、臨機応変にルールの変更を提案しましょう。

15 悪態をつかない

ババ抜き1回戦
うわー
ダメだ～
次は
サトシくんが
引く番だよ
やった－!!
僕が一番!
やられた～
2回戦
よーし次は
負けない
わよ
また僕が
勝つよ!
今度は
僕が一番!
ビリになるのは
誰かな～?
ピキッ
ふぅー
2位だわ…
……

ちっとも
楽しくない!!
こんなゲーム
クソだよ!!
ビターン!!
うっ…
うん…
…まあまあ
次は勝つかもよ？
3回戦
……
もうイヤだ!!
みんなズル
してるんじゃ
ないの？
僕にばっかり
ジョーカーが
来る!!
ズルなんて
するわけ
ないじゃん…
もうトランプなんか
絶対にやらない！
プイッ!!
自分が
勝った時は
あんなに
喜んでたのに…

確 Check 認

暴言を吐いたり悪態をついている自分に気づいていないことがありませんか？

思い通りにいかず気持ちが崩れてしまうことがありませんか？

セルフモニタリング

支援のポイント 1

子どもは自分の思い通りにならないと、悪態をついたり、暴言を吐いてしまうことがあります。そして、その時に親がいくら言い聞かせても、聞く耳をもたないことが多いのです。

少し時間を置いて、気持ちが落ち着いたら、思い通りにいかずイライラしてしまった時の自分を振り返り、相手の気持ちについても一緒に考えられるようにしていきましょう。

●子どもの言い分をしっかり聞こう

悪態をついても、頭ごなしに叱りつけず、少し落ち着いてから、**その時なぜ悪態をついてしまったのか、まずはその理由を聞いてあげましょう。**

次に、その時どんな気持ちだったのか、何がいやだったのか、相手はどう思ったかなど、子どもと一緒に振り返ることにより、どうしたらよかったのかが見えてきます。

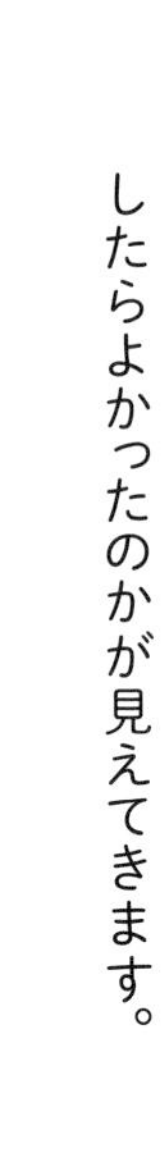

●悪態をついて得したこと、損したことを整理しよう

落ち着いて、自分や相手の気持ちを考えられるようになったら、**次は自分の行動によって得したこと、損したことがなかったかを考えさせます。**

その場で一時的に感情を爆発させて発散することよりも、イライラを我慢したほうが、自分も友達も長く楽しめることに気づけるようにうながします。**次に同じことが起きた時どうすればよいか**についても話しあっておきましょう。

子どもは思い通りにならないと、なおさら自分を客観視することが難しくなります。落ち着いている時に、子どもが暴言を吐いたり悪態をついた時の状況を伝え、どのような振る舞いがよいか考えられるようにしましょう。状況を伝える時は、相手の気持ちを考えさせることも大切です。

シフティング 支援のポイント 2

自分の思い通りにならないことが、よくあります。そんな時に悪態をつかないためには、気持ちを切り替える方法を知ることが大切です。

スムーズに気持ちの切り替えをするにはどうしたらよいか、子どもと一緒に考えましょう。

簡単な表や前後の状況を箇条書きにしたリストなどを使い、自分の状況を客観的に見ることができるようにするのも効果的です。

●うまくいかない場合にどうするか決めておこう

自分の思い通りにならない場面になってからあとの行動を考えるのではなく、**うまくいかなかった場合について、事前に考えておくようにしましょう。**

たとえばゲームで負けが続いてかんしゃくを起こしそうになった時、「次のゲームで勝てるように頑張る」「いったんその場から離れて落ち着く時間をもつ」など、子どもにあった対処法があると思います。**事前に約束事として話しあい、書き出しておきましょう。**

●うまくいっていることにも注目させよう

ゲームで負けることや、自分の失敗に対する抵抗感が強いと、自分の気持ちを前向きに切り替えることが難しいものです。勝敗のつく遊びであれば、左のマンガで紹介したような、勝敗表を活用してみましょう。それによって、**負けてばかりではないこと、次に勝つチャンスが残っていることなどを視覚的に理解させることができます。**

また、**「○○の時はすごかったね」「上手にできたよね」などと、過去の成功体験を思い出させてあげるのも効果的です。**

日常の場面で、実際に子どもが気持ちを切り替えることができたら、すかさずまわりの大人がほめてあげましょう。

気持ちの切り替えが苦手な子どもは、思い通りにならなかったというだけで気持ちが崩れてしまいます。前後の状況をわかりやすく伝えて、スムーズな切り替えにつなげましょう。また、気持ちの崩れを未然に防ぐために、うまくいかない時の振る舞いについて前もって確認しておくとよいでしょう。

16 友達の物を勝手に使わない

シゲルくんはまだ
使わなさそうだし
先に借りようかな…
よし
次はハサミだ
…あれ？
あ！
チョキ
チョキ
サトシくん
貸してほしい
時には
ちゃんと
いってよ！
ごめんごめん
まだ使わない
みたいだったから
借りちゃった
使ってもいいから
ちゃんと教えてね
次は
そうするよ
♪
チョキ
チョキ
…って
また使ってる～！

勝手に友達の物を取ったり使ったりすることはありませんか？

すぐに使いたい気持ちを抑えられないことがありませんか？

自己抑制

支援のポイント 1

子どもは、あとで友達とトラブルになるかもしれないということまで、なかなか考えることができません。それで、自分が使いたい物があると、つい勝手に使ってしまうということが起きるのです。

日常の場面で、相手が気持ちよく貸してくれるようなやりとりを、練習してみましょう。

●自分の物と他人の物の区別をつけよう

そもそもそれが自分の物か、他人の物かがわかっていないと「借りる」ということができません。

最初に「これは○○の物、これは△△の物」と声かけをして、**自分の物と他人の物が区別できるようにしましょう。**

●他人の物を使う前には声をかけるようにしよう

他人の物を使いたい時には、ひと言声をかけて、相手の許可を得てから使うことを伝えましょう。

言葉で伝えるだけでなく、家庭でも、実際に声かけをして借りる経験を積ませるように意識していきます。

もし無断で使うようなことがあったら「こういう時には何ていうんだっけ？」「まだいってないよ」など、本人の気づきをうながします。

もし、許可を得てから使うことができたら、まわりの大人がほめてあげてください。

自分の物と他人の物の区別をつけられるような声かけと環境作りが重要です。「これは○○の物、これは△△の物」と強調して伝えましょう。また、普段から他人の物を使う時には「貸して」といってから借りることを習慣化しておくことも重要です。

支援のポイント 2

友達の持ち物は、相手の物ですから、必ずしも自分が使いたい時に使えるとは限りません。

もし、使いたい時に貸してもらえなくても、使いたいという気持ちを抑えて、イライラせずに待てることや、別の行動がとれるように練習しておくことが大切です。

●借りられなかった時にどうしたらいいか、やって見せよう

せっかく「貸して」といえたのに、相手の都合で借りられなかったら、ついカッとなってしまうかもしれません。

その場合にも、強引に相手の物を奪い取るのではなく**相手が使わなくなるまで違うことをして待つことや、別の友達に頼むなど、ほかの方法があることを伝えて、できるようにしていきましょう**。

●実際の貸し借りの場面を作ってみよう

自分が使いたい時に借りられなかった場合、どうしたらよいかを伝えるには、言葉だけでなく、実際の行動をやってみせることが大切です。

親が示した行動が、よい方法であることを実感し、実際に子ども自身が直面した時にも、そのようにできるよう、うながしていきましょう。

普段から、家庭でも意識して物を貸し借りする場面を作り、子どもが使いたい時に使えないという経験を積み重ねていきます。思うように使えなくてもカッとせず、自分の気持ちを抑えることができたら、その瞬間をとらえ、間髪を入れずに、大いにほめてあげてください。

こうしてお互いに気持ちよく貸し借りできる経験を積み重ねていけば、どんな場合でも、自然にそのように行動できるようになっていきます。

借りられなかった時の行動を実際にやって見せて、子どもが「そうすればいいんだ」と気づきやすくします。また、実際に、子どもが上手に物を借りることができたら大いにほめましょう。適切な借り方で成功体験を積み、実際の場面でも気持ちよく友達の物を使えるようにうながしましょう。

17

物を丁寧に扱う

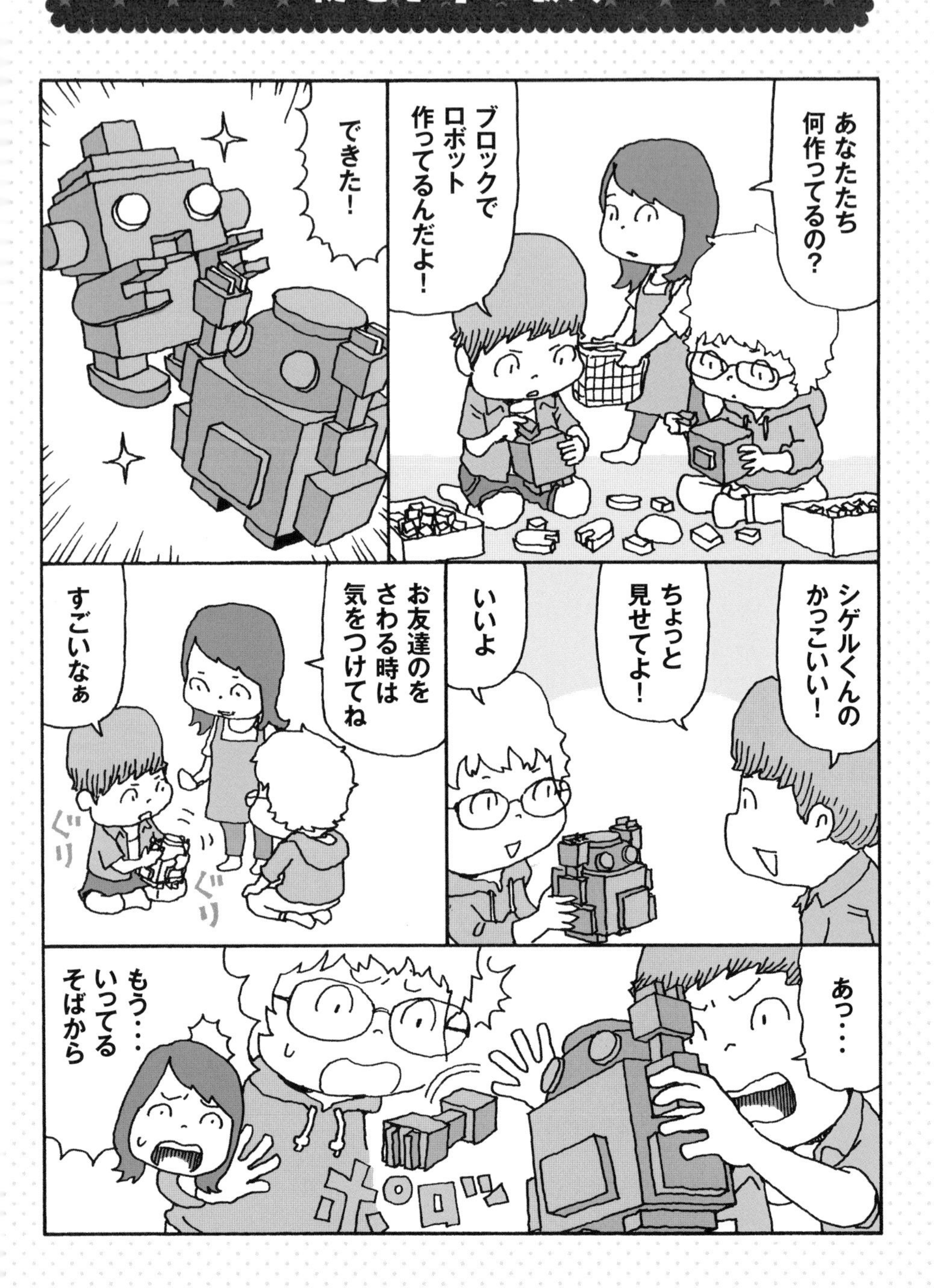

あなたたち何作ってるの?
ブロックでロボット作ってるんだよ!
できた!
シゲルくんのかっこいい!
ちょっと見せてよ!
いいよ
お友達のをさわる時は気をつけてね
すごいなぁ
ぐり
ぐり
あっ・・・
ポロッ
もう・・・いってるそばから

ごめんごめん
わざとじゃ
ないんだよ
すぐ直る
から大丈夫
次は壊さない
でね
ホッ…
今度は僕のも
見てよ！
サトシくんのも
かっこいいね！
そうだ！
二人の作ったので
遊ぼう！
面白そう
だね！
ゴーン
ガキーン
とうっ!!
バキッ!!
あっ…
ごめん…
……
はあ〜
ポトッ

楽しさのあまり、物を雑に扱ってしまうことはありませんか？

力加減が苦手ではありませんか？

自己抑制　セルフモニタリング

支援のポイント 1

子どもは、楽しくなると気持ちの高ぶりを抑えきれず、扱い方が雑になり、結果的に物を壊してしまうことがあります。

本人は雑に扱っているつもりはなくても、丁寧な扱い方をわかっていないということもあるようです。

気持ちが落ち着いている時に、丁寧に扱わないと壊れてしまうおそれがあることを理解させ、十分に意識させておくことが必要です。

●丁寧な扱い方をやって見せよう

子どもに、「丁寧に」といっただけでは、具体的なイメージがわきません。**親が実際にお手本を見せ、どういうやり方を「丁寧」というのか、具体的に伝えましょう。**

子どもの気持ちが高ぶったままで扱わせるよりも、親がゆったりとお手本を見せることで、少し気持ちを落ち着かせることにもつながります。

逆に、雑に扱うと壊れたり、周囲を汚したりすることも併せて見せてあげるとよいでしょう。

壊れてもよい物を用意し、実際に乱暴に扱って、壊れてしまう様子を見せるのも効果的です。

●繊細な物の扱いも経験しよう

卵の殻を割るとか、小さな虫を捕まえるなど、**繊細な力加減を要求される日常動作がたくさんあります。**

「まだ無理」と決めつけず、積極的に経験する機会を作るとよいでしょう。

丁寧な物の扱い方を実際にやって見せ、子どもが意識できるようにしましょう。また、子ども自身で「これは大切だから（壊れやすいから）そっとさわろう」と判断できることが重要です。「これはシゲルくんが作った物だから」など、丁寧に扱わないといけない理由も伝えるとよいでしょう。

セルフモニタリング

支援のポイント ❷

発達が気になる子どもたちの中には、力加減が苦手な子どもたちがよく見られます。

物を壊さずに扱うためには、自分で力をコントロールする必要があります。どのくらいの力加減で扱えばよいか、子どもと一緒に考えましょう。

●力加減を「見える化」しよう

力は目に見えません。そのため、**力加減をわかりやすく見えるように示して、どのくらいの力加減が適切かを伝えましょう。**「見える化」することで、力にはいろいろな段階（レベル）があることを、意識できるようにすることが重要です。

マンガで紹介しているような、**力加減がわかるものさしなどを手づくりして、**遊ぶ前や**遊んでいる途中に自分の力加減を確認する機会を作っていきましょう。**

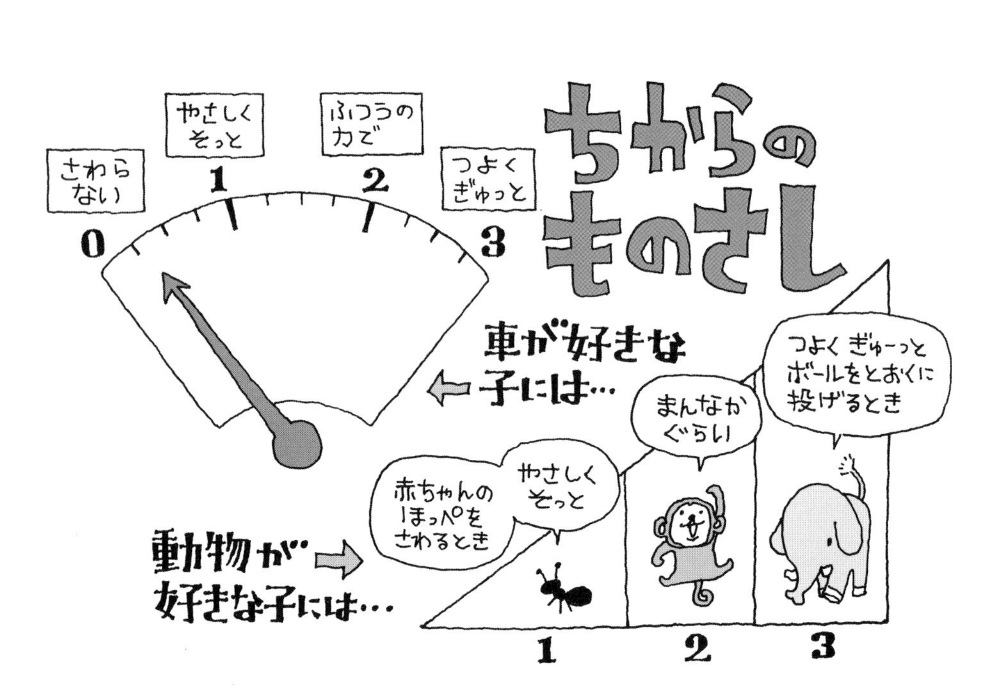

適度な力加減ができるようになるために、「いろいろな強さの力がある」ということを伝えましょう。そして、「これは 1 の力でやってみよう」などと、自分で力加減を意識できるようにうながします。力加減メーターを使って、どのくらいの力がよいのか一緒に考えてみましょう。

18 よその家で行儀よくする

のどがかわいた～！
これっ！よそのおうちの冷蔵庫は勝手に開けちゃダメ！
お母さんたちはお話をしているからおとなしくしているのよいいわね！
うん！
それにしてもすてきなおうちね～
うふふでもこれ35年ローンよ
旦那には長生きして頑張ってもらわないと…
ドタンバタン
ボヨンボヨン
ちょっとサトシ何やってるのー!!
お母さんこのソファすんごくふかふか！家のソファとは全然違うよ！
バンバン
そういう問題じゃ…もうっこの子ったら！
ごめんなさい！
いろいろ大変ね…

プランニング　よその家でどのように過ごすとよいか知っていますか？

マナーを忘れて行儀悪くしてしまうことはありませんか？

よその家の物を、自分の家の物のように扱っていませんか？

プランニング

支援のポイント 1

まずは、よその家ではどういうふうに過ごすのが適切か、子どもがよその家でのマナーを知っていることが必要です。マナーを知らなければ、自分の行動が適切かどうかを考えたり、判断したりすることができないからです。

正しい知識を得てから、よその家ではどのように過ごすとよいか、親子で話しあうようにしてみましょう。

●日頃から外出先のマナーを身につけておこう

年齢があがると、友達や親戚の家など、よその家で過ごす機会が増えます。これらの機会をとらえて**それぞれの場面でのマナーを伝え、理解させるようにしておきましょう。これは大人になった時にも役に立つことです。**

言い聞かせたり、叱ったりするだけではなく、実際に行儀よく過ごせた時に、すかさずほめることで、定着していきます。

少々のマナー違反なら大目に見てもらえる、親しい人の家から訪問してみましょう。

●子どもと一緒に考えよう

よその家での過ごし方について、具体的な場面を想定し、子どもと一緒に考える時間を作りましょう。

子どもの口からどうしたらよいか、すぐに答えが出ない場合には、親がヒントを出し、子ども自身で考えるようにします。

外出先でのマナーを日頃から確認しておきましょう。最初は、一つひとつマナーを教えないといけませんが、よその家を訪ねる機会が増えれば、子どもの口から気をつけることがいえるようになってきます。人からいわれたからではなく、自分で考えてマナーを守るようにすることが大切です。

ワーキングメモリ

支援のポイント2

事前にマナーを知っていても、実際に出かけてしまうと、楽しくて、またいつもと違う場所や物に気をとられ、すっかり忘れてしまうことがあります。

どんな場合でも、子ども自身がよその家でのマナーを忘れないように、そしてすぐに思い出せるようにしておくことが必要です。

普段から自宅でも、脱いだ靴をそろえるなど、最低限のマナーは守れるようにしておきましょう。

●訪問する直前にマナーを確認しよう

マナーを確認してから時間が経つと、せっかく確認したことを忘れてしまいます。

訪問の前日などに時間をとって話しあっておくことも大事ですが、よその家に入る直前にも、ポイントとなることを確認するようにしておくとさらによいでしょう。

自己抑制

支援のポイント3

よその家には、子どもにとって新鮮で、興味を引く物がたくさんあります。そのため、つい、いろいろな物に手を伸ばしてしまいがちです。また、自分の家にいる時のように、冷蔵庫を勝手に開けて飲み物を取り出したり、ことわりなくほかの部屋に入り込んだりすることもよくあります。

よその家と自分の家との過ごし方の区別がつくようにしておきましょう。

●自分の家とよその家の区別をしよう

子どもが戸惑うことの一つに、**自分の家では許されることなのに、訪問先ではマナー違反になるということがあります。**

自宅にいる時にそのような場面があったら、**「うちではいいけど、よそのおうちではしてはいけない」ということを繰り返し伝えて、理解させましょう。**

「友達の物を勝手に使わない」（114ページ）と同様に、自分の物と他人の物の区別をつけることが大切です。今はよその家にいるということが意識できれば、自然と適切な行動をとれるようになります。また、外出先で気をつけることは、その都度、直前に確認するようにしましょう。

19 決めた時間までに帰宅する

遅いわねえ
何してるの
かしら？
あー
楽しかった
なあ！
よし
そろそろ
帰ろう
ちょっと遅く
なっちゃったね
じゃあまた
明日
またね～！
ただいま～
ずいぶん遅い
じゃないの！
え？ でも…
急いで帰って
きたんだけど…
だいたいあなたは
いつもいつも！
んー？
なんかおいしそうな
においがするね♪
あっこら！
まだ終わって
ないわよ！

- 帰宅時間を把握していますか？（プランニング）
- 帰宅する時間を忘れてしまうことはありませんか？（ワーキングメモリ）
- 遊びを切り上げて、すべきことに取り組めますか？（シフティング）

プランニング　支援のポイント 1

予め一日のスケジュールを決めていても、友達と遊んでいるとついずるずると時間が経ってしまい、帰宅時間が遅くなってしまうことがあります。

「一日を予定通りスタートできる」（22ページ）で決めた内容を、常に目に入るところに貼り出しておいたり、折りにふれて確認しあうようにしましょう。

遊びに行って帰ってくる時間だけを確認するのではなく、帰宅したあと、宿題を済ませ、家族と晩ご飯を食べたり、お風呂に入ったりする時間も含めて確認します。

もし、決めたスケジュール通りにできないことが続くようなら、スケジュールそのものの見直しをする必要があるかもしれません。

●その日の流れを確認しあおう

出かける前に、必ず帰宅の予定時間を確認しあうようにします。

ただ一方的に「5時までに帰ってきてね」と伝えるだけではなく、**帰ってきたあとに何をするのか、その日の流れを一緒に確かめるようにしましょう。**

そうすることで、なぜ5時までに帰宅しなくてはならないのかがわかり、帰宅時間についても、納得することができます。

こうしておくと、もう少し遊びたい気持ちを我慢して帰宅しようと思える動機づけにもなるでしょう。

帰宅後にすることもあわせて考えることで、決められた時間に帰宅しないといけない理由に気づいたり、帰宅後の行動を組み立てたりすることができるようになります。帰宅時間は親からいわれたものではなく、次の行動も考え、子ども自身で決められるようにしていきましょう。

支援のポイント 2

漠然と「遅くなる前に帰ってくるのよ」といっても、子どもは何時に帰宅すればよいかわかりません。「遅くならずに」ではなく、「○時までに」と具体的に伝えましょう。

子どもは時間を気にしながら遊ぶことが苦手なので、約束の時間をいつでも思い出せるように工夫してあげることも必要です。

●時間がわかる道具を持たせる

たとえば、**「5時」とリストバンドに書いて身につけさせるなど、子どもが帰宅しなくてはいけない時間を確認したい時、すぐに、簡単にできる方法を考えましょう。**

支援のポイント 3

約束した時間が近づいていることに気づき、自分で気持ちや行動を切り替える準備ができるような工夫をしてみましょう。

そのためには、約束した時間が近づいているのを知らせることが必要です。

タイマーや時計のアラーム機能などを利用し、アラーム音で気持ちを切り替えられるようなきっかけを作ってもよいでしょう。

●切り替える準備をさせよう

夢中で遊んでいる時に、帰る時間を知らせるアラームがいきなり鳴り出しても、それを合図にすぐに気持ちを切り替えて遊びをやめ、帰る準備を始めるのは難しいことでしょう。

段階的に約束した時間が近づいていることを知らせ、キリのいいところ、よいタイミングで切り替えられるように、気持ちを整えます。

タイマーを持たせて、残り時間を確認できるようにしたり、アラーム機能で15分くらい前から5分おきに鳴るように設定しておくなどするとよいでしょう。

リストバンドや時計などを持たせることにより、帰宅時間を「見える化」するとよいでしょう。また、予定時間になったら、無理なく気持ちを切り替えられるように、指定の時間の少し前からアラームを鳴らし、帰宅する時間が近づいていることに気づかせましょう。

20

鍵をかける

いってらっしゃい
今日はお母さん
いないからね
はーい
ガチャッ
ただいま～
って…　そっか
お母さん
いないんだった
遊びに行って
こようっと♪
バタン
公園に誰か
いるかな～？
ただいま～
あら？
開いてるわ
サトシ
いるの～？
シーん…
……
何も音が
しない！
ドキドキ
まさか
泥棒!?

ただいま〜
きゃーーーっ!!
びっくりしすぎて腰が抜けそう…
あはは お母さん何してるのさ
あなたが鍵をかけ忘れるからでしょ!
え? 僕忘れてた?
そもそも鍵はちゃんと持ち歩いているの?
ちゃんとあるよ!
…あれ? どこだっけ?
あ、ランドセルにつけっぱなしだ!
……

確 Check 認

出かけることに夢中で鍵をかけ忘れていませんか？

外出する時の行動（鍵をかける）を意識することが苦手ではありませんか？

セルフモニタリング　プランニング

支援のポイント 1

子どもは行動の組み立てが苦手なので、実際に鍵をかけて出かけるまでの行動を一緒におこない、手順の理解と行動への意識づけをしましょう。

仕事などで家族が家にいないことが多く、子どもが毎日鍵をかけて出かけるようなら、鍵かけを習慣にするのは比較的簡単です。しかし、いつもは誰かいるのに、その日に限って誰もいない、というような場合には、事前に繰り返し確認しておくことが必要です。

手順を頭の中で考えるだけではなく、実際にやってみると、さらに効果的です。

●手順を一つひとつ、一緒に確認しよう

家を出るまでの手順を一つずつ確認しましょう。特に、きちんと鍵がかかっているかどうかの状況を把握し、確認する作業は、とても重要です。

はじめは親が手順通りにやって見せて、次に、子どもだけでもできるかやらせてみて、注意すべきポイントを話しあうようにしましょう。

Column

家に入った時にも鍵をかけよう

安全のために、鍵を開けて家に入ったあとにも、鍵かけを忘れないように習慣づけておきましょう。

ドアを開けて家に入り、ドアを閉め、鍵をかけるところまで一連の動作として、何も考えなくてもできるようになるといいですね。

日常的に玄関の鍵の開け閉めをおこなうのは、回を重ねるうちに子どもでも無意識にできるようになります。不定期に、不慣れな動作を求めるのであれば、一緒に一連の動作を練習しておきましょう。一方的に手順を教えるのではなく、子ども自身がやりやすい手順を一緒に考えます。

支援のポイント2

子どもは朝約束しても、帰宅後には忘れてしまっていることがあります。特に、遊びに行きたい気持ちが強い時にはすべきことを忘れやすくなるものです。そのため、出かける前にすべきことに気づき、落ち着いて取り組める環境を調整することが必要です。

●必ず目に入る場所に提示しよう

たとえば、**玄関ドアの内側に「出かける時には必ず鍵をかける」「鍵をかけましたか?」など大きく書いた紙を貼っておくと、子どもが出かける前に必ず目にすることになります。それによって、鍵のかけ忘れをしにくくなるでしょう。**

自宅の玄関の状況にもよりますが、家を出たところの、必ず目に入る場所にも、同じように大きく書かれた紙を貼っておくと、さらに効果的です。

●約束に気づくきっかけを作ろう

すべき時に「鍵をかける」という約束を思い出せるようなきっかけ作りをしましょう。

前の項目で紹介した貼り紙のほかにも、**鍵のイラストを玄関ドアに貼ったり、ドアノブにテープを貼ったりして、目印にする**とよいでしょう。

大人はつい言葉だけで大事なことを伝えがちですが、見たりさわったりして約束を思い出せるような環境調整も大切です。

Column

「なぜ鍵をかけないといけないか」

鍵をかける理由も、機会をとらえて繰り返し伝えていきたいところです。

たとえばテレビで泥棒が出てくる場面や、悪意のある人が勝手に家に入ってくるような場面があったら、「鍵をかけないからだよね」などと、その重要性を伝えるようにしましょう。

子どもが気づきやすいように、できるかぎり子どもの目につく場所で注意喚起をしましょう。鍵をかけることを思い出させる場合は、子どもの目の高さを考えて、貼り紙をするとよいでしょう。いずれは、自分で「鍵をかける」ということを思い出しやすい方法がみつかるといいですね。

21 こぼさずに食べる

そろそろご飯できるわよ～
はーい
いただきまーす
いただきまーす
はい めしあがれ♪
ポロポロ
また口からこぼしてる!
サトシ 落とした物はちゃんと拾いなさいよ
あと ちゃんと手を使ってお茶碗を持ちなさい
もうっ いちいちうるさいなぁ

うんうん
上手に
食べてるわ
今日は学校は
どうだった？
今日
体育だったんだけど
僕、跳び箱を3段まで
跳んだよ！
ばばば
ちょっと
ちょっと
サトシ！
口の中の物を
飲み込んでから
話さないと
全部飛んで
来てるわ
あっ…
ごめんなさい
ティッシュ
ティッシュ…
コツン
あーー
グチャッ
僕のご飯が
なくなっ
ちゃった…
どーしよー
おなかが空いて
死んじゃう〜！
あー…
どうして
いつもこう…

確 Check 認

こぼさないように食事動作に集中できていますか？

テーブルの上にある物を把握できていますか？

セルフモニタリング

こぼさないためにはどうすればよいかをいえますか？

注意持続

支援のポイント 1

食事時間に集中できていないようであれば、まずは集中しやすいような環境調整をすることから始めましょう。気になっているのは何なのかをチェックしてみることで、整えるべきポイントを発見できます。

● **刺激を減らして集中しやすい環境を**

食事中はテレビを消し、不要な視覚・聴覚情報が入って来ないようにします。

また、親が食事中に立ったり座ったりすることも、集中が途切れる原因なので、食卓で使う物は事前にそろえておきましょう。**食事を口に運ぶ時や、口に入っている時に話しかけてしまうと、注意が分散してしまうので気をつけましょう。**

● **好きな物を活かして集中の動機づけを**

注意を向ける先が定まりにくい子どもには、**ランチョンマットや食器などに好きなキャラクターを使う工夫で食事環境に注意を向けやすくすることができる場合があります。子どもと一緒に選んでみるのも効果的です。**

● **食べやすさに配慮して集中しやすく**

ハンバーグなど丸ごと出てくるものは適切なサイズへの切り分けが必要です。箸で切りやすいように切れ目を入れることで、失敗して集中が途切れることを減らせます。

食事に集中できるように、必要な物は食卓に準備し、誘惑になりそうなこと、食事中に気が散ってしまいそうなことを事前に減らしておきましょう。
親が一緒に座って食べ始めること、食事を楽しんでいる様子を見せることで、親を見本にしながら集中することが身につきます。

支援のポイント2

「ごはんを食べる時に、食器に肘をひっかけてしまう」「ほかの物事に注意が向いてしまい、スプーンから食べ物を落としてしまう」という子どもには、テーブル上の情報量を調整してあげることで失敗を減らすことができます。

●食事をワンプレートにして注目先を限定

使う食器の数が多過ぎることで、食事全体を把握しきれず、混乱してしまう子どももいます。この場合には、お子さまランチのような、仕切りのあるワンプレートのお皿にバランスよくのせてあげるとよいでしょう。

さらに、プレート内の一つひとつの食べ物の量を少なめにすることで、食べこぼしの軽減につながりますし、「食べきった」という成功体験にもなります。すくう動作が苦手な子どもには、すくいやすい器を使用し、食べやすさにも配慮します。

支援のポイント3

そもそもこぼさないための方法を理解していない可能性はありませんか？　こぼさないために大切なことや、そのための手順を一緒に確認し、それにそって行動することを伝えてみましょう。

食べ物をこぼすのは口に運ぶまでの過程なのか、口に入れたあとなのか、苦手とするポイントも確認してみるとよいでしょう。

●最低限の支援をすることで、正しい方法を身につける

子どもがうまくできていない部分を少し手伝ってあげましょう。たとえば、親が一緒にお皿を支えてあげたり、忘れている部分をサポートする声かけをしてみるとよいでしょう。

適度なサポートで成功したら、次は、自分で手順に従っておこなえるようになっていきます。

集中してやろうとしている時には、「もっとこうしたらよいのに…!」というところも、ぐっとこらえて見守ってあげましょう。結果がどうあれ、こぼさないように集中していたことをほめてください。集中することがよい結果につながるとわかれば、徐々に食べこぼしは減少します。

22 好き嫌いなく食べる

……
クッキー
仕方ないわね ちゃんとご飯食べたら クッキーを食べても いいわよ
でもそろそろ おなかが 一杯かも…
少ししか 食べてない じゃない
お魚食べたら クッキーが 入らなくなる じゃん
今日給食を たくさん食べた からなー
さっきまで そんなこと いってなかった でしょ！
しょうが ないなぁ
お魚がイヤなら お父さんに少し よこしなさい
え？ 本当？
じゃあ お父さんに 全部あげる♪
これで 全部 解決
そんなの ダメに決まってる でしょ！

確 Check 認

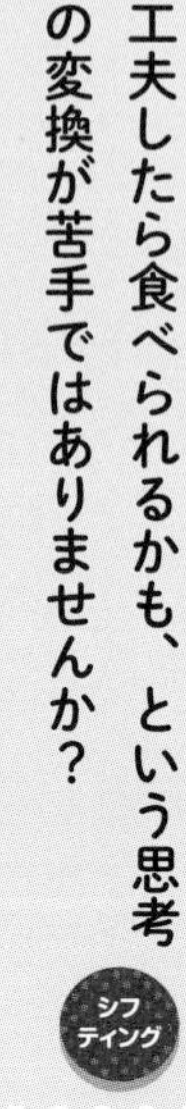

- 工夫したら食べられるかも、という思考の変換が苦手ではありませんか？ シフティング
- 食事中に、お菓子やジュースをほしがってしまいませんか？  セルフモニタリング
- 苦手な物への拒否感情が強すぎませんか？ 自己抑制

好き嫌いに対応する前に

無理に食べさせるのはNG！「今はまだその時期ではない」と割り切ることも大切！

子どもの好き嫌いに対応する時、場合によっては、「今は食べられなくてもよい」と割り切ることも大事です。成長すると味覚が変わって、苦手な物も受け入れられるようになることもあります。足りない栄養素については、ほかの食べ物で補えるようにしましょう。

シフティング

支援のポイント 1

嫌いな物が食卓に出てきて、一度「いやだ」「食べたくない！」となってから、その気持ちや考え方を変えるのは難しいことです。

子どもが納得して、少しでも試してみられるように、前もって折りあいをつけられるポイントを相談してみましょう。

●納得して食べられる方法を試してみよう

どうしたら納得して食べられるかを探ることで、子どものほうから「食べてみようかな」という興味をもつことがあります。納得できるようになるための工夫には、**小さく刻む、できた料理を小さく切り分ける、子どもが好きな味つけにする、食べられそうな量を自分で取り分けさせる**、などがあります。

好きな物と一緒に出して、交互に食べるようにうながしてみるのもよいでしょう。

嫌いな物も、その理由がわかれば対策が練れるかもしれません。一緒に理由と対策を相談してみることで、食べてみようとする挑戦心を引き出せるとよいですね。もちろん、無理強いは禁物ですので、「ムリしなくてもよい」と逃げ道も用意してあげましょう。

セルフモニタリング

支援のポイント2

子どもが自分の欲求をコントロールし、適切な行動をとれるようになるには、普段から正しいことが選択できるような環境が大事です。

周囲の大人は、日によって違う対応をとらず、一貫したかかわりがもてるように心がけましょう。

● おやつやジュースの時間と量を明確にする

おうちの決まり事として、おやつを食べる時間と量を決めておき、それ以外は食べないようにします。食事の時間におなかが空いているように、量を調整しましょう。

子どもだけに我慢させるのではなく、家族全員で子どもと一緒のルールを守り、お手本を示してください。毎日の習慣を守ることで、自分の欲求をコントロールすることができるようになります。

自己抑制

支援のポイント3

苦手な食べ物でも、楽しい感情と結びついたら挑戦しようという気持ちになることがあります。逆に強制されると、過剰に拒否してしまうこともあるのです。

食べてみようと思える楽しい雰囲気を心がけつつ、長い目で見守りましょう。

● 親がおいしく食べてみせる

まずは日頃から親がおいしそうに食べている様子を見せることです。その際、子どもにあえて何かをいう必要はありません。子どもが興味をもったら、少しだけ後押ししてあげましょう。

ほかにも、苦手な野菜を苗から育てたり、一緒に料理する、外食や友達との会食であえて注文してみるなど、楽しい刺激で挑戦する気持ちにさせましょう。

サトシに無理強いせず、あくまで自分の感想を述べているお父さんの対応は絶妙ですね。味覚は歳とともに少しずつ変化します。食卓に出ているからすべて食べないといけない、とはせずに、前向きに食べてみようと思えるようにうながしましょう。

23 食べこぼしを始末する

まああの子ったら手前しか拭いてないわ
ココだけ
仕方ないわねぇあとでいっておかなきゃ
ん…？
あ⁉
全部下に落としてる！
ちょっとサトシあんな拭き方じゃ…
ごちゃ〜っ
え？
何？
…なんでもない
まずは読んだマンガ片付けるところから始めようか？

確 Check 認

きれいにするための手順やルールを理解していますか？

後始末を投げ出してしまうことはありませんか？

プランニング

支援のポイント 1

テーブルの上をきれいにしたい気持ちはあるけれど、どのようにしたらきれいになるのかがわかっていないということがあります。

親と一緒に一つひとつ手順を確認し、子ども自身が適切な手順でやりとげられるように手伝いましょう。

●手順を示して一緒にやってみる

使う道具や拭く順序など、**手順を一つひとつはっきり示してあげましょう。** **言葉だけの説明にせず、お手本を示して動作を真似してもらうのがよいでしょう。**

日常のほかの場面でも、このように支援しながら、自分で達成できる場面を増やすことで、自信をもって取り組めるようになります。

また、食べこぼしをテーブルの下に落とすと、見た目はきれいになっても、足の裏やスリッパの裏にこびりついて、あとで困ることも伝えるようにしましょう。

●声に出して確認しながらやってみよう

子どもと一緒にする時は、親の声かけだけでなく、子ども自身にも声に出して取り組んでもらうのが効果的です。ひとり言のようにつぶやきながらやってみることで、思考が整理しやすくなります。

これを繰り返すことにより、少しずつではありますが、一人で手順に従ってできるようになっていくでしょう。

なぜきれいにしないといけないのか、言葉ではわかっていても、実感をもって想像することができていないと、やる気にならないかもしれません。サトシはお母さんの問いかけから、キレイにする理由について「そうか」と納得したことで、やってみようと思えたのですね。

● 道具の使い方、使い分けを学ぼう

こぼした物によっては、いろいろなやり方を組みあわせて始末しなくてはいけない場合もあります。**具体的な場面に応じて、道具ややり方の使い分けを教えましょう。**

たとえば、「食べこぼしが液体の時はティッシュで吸い取り、固体の時はティッシュにくるんで捨てる」「ふきんで油汚れを拭いた時は、拭いた面を内側にたたむ」などです。

注意持続

支援のポイント 2

集中が苦手な子どもは、手順が示されたからといっても最後まで集中を継続できず、うまく作業を完了できないことがあります。

そういった場合にも158ページに挙げたやり方と同様、親も一緒に取り組むようにすると効果的です。注意をそらさず取り組めるような工夫をしてみましょう。

● 冷静な声かけでそれた注意を引き戻そう

もし、子どもの注意がほかにそれそうになったら、冷静な口調で「二回繰り返して拭くよ」などと、次のステップに誘導します。

これはあくまでも注意を戻すための声かけですから、先回りして指示をするのとは違います。また、叱ったり、茶化したりするのは逆効果です。

何かが気になって注意がそれてしまうようなら、それを取り除いたり、刺激を減らすことも考えてみます。

● 手順は一つずつ順番に教えよう

手順が多すぎると感じると、子どもの集中が続かなくなってしまいます。**まずやることを一つだけ伝えて、それを完了できたらまた次に進みます。**

一気に全部ではなく、少しずつできることを増やしていけば、集中も途切れずに済みます。

ただ拭くといっても「どうやって?」がわからずに余計に散らかしてしまうケースもあります。お母さんのように具体的に見本を伝えて、それが再現できるように練習することで、正解がわかって一人でも実践しやすくなります。

24 食事に集中する

……
ジーッ
!
ほら、サトシ
またよそ見してる!
さっきブロックで
作ったロボが
倒れないように
見てるだけ
ちゃんと
立ってるじゃない
大丈夫よ
でも!
壊れたら
ヤなの!
あ、こら!
いってる
そばから
ひょい
まだ
ご飯中だぞ!

ここの脚 つけるだけ だから
そんなに気になるなら早く食べちゃえばいいだろ?
わかってないなぁ 急いだら揺れとか風で倒れちゃうんだよ
またわけのわからんことを…
ほら、あと少しなんだから食べ終えちゃいなさいよ
あ~あ…
あっ!!
今度はどうしたの
こっちに向けるのを忘れてたよ
……
あーっ!
はぁ~
いつになったら…
ポテッ

確 Check 認

おもちゃや遊びの続きが気になって、食事の集中が途切れてしまいませんか?

食事前にしていたことを切り上げて、気持ちの区切りをつけるのが苦手ではありませんか?

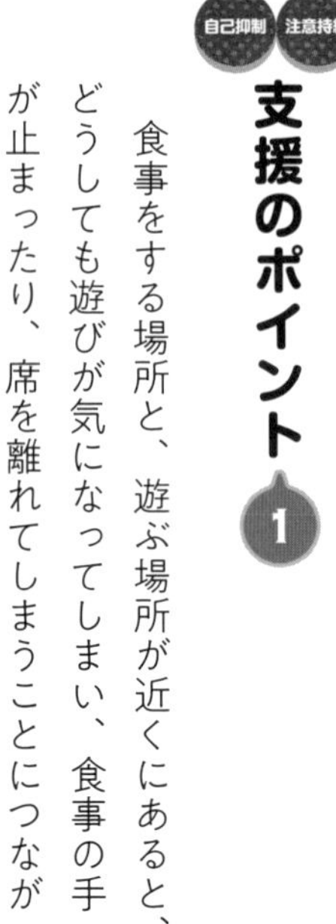

支援のポイント 1

食事をする場所と、遊ぶ場所が近くにあると、どうしても遊びが気になってしまい、食事の手が止まったり、席を離れてしまうことにつながります。

また、食事に集中できないからと、叱りつけたとしても、おもちゃなど注意を引く物が視界に入ると、遊びたい気持ちを抑えることができなくなってしまいます。

遊ぶことを我慢して食事に集中できるように、環境を整えるようにしましょう。

●気になる原因を遠ざける

おもちゃがある場所や、テレビ番組などの楽しみな物が目に入って、遊びたい気持ち、見たい気持ちが抑えられないということはないでしょうか? 食事に集中するために、それらが目につかないように工夫してみましょう。

たとえば、**座る位置を変えるだけでもおもちゃが目に入らなくなるかもしれません**。**また、おもちゃを布や箱で隠すことも効果的です**。

●簡単な合図で、遊びたい気持ちを我慢する

もし、よそ見をして食事に集中できないようなら、**すぐに簡単な合図をして気づかせてあげます**。**簡単な合図とは、短く名前を呼んだり、拍手をして知らせる**などです。

大声で驚かせたり、叱りつけるのではなく、「ほかに注意が向いているよ」「気持ちがそれているよ」と気づかせることを目的にします。

一度気になった物がまったく気にならなくなる、というのは難しいでしょう。マンガではお母さんが選択肢を提案して、サトシ本人が対処法を決めたことで納得して食事への切り替えに成功しています。「自分で対処できた」という経験も、自分をコントロールする力を育てる上で大切です。

支援のポイント2

食事の用意ができた時、それまでしていた遊びをやめ、食事をするモードへの切り替えがうまくいかないということはありませんか？「ご飯だよ」という親の働きかけに対して、遊びに区切りをつけて気持ちを切り替えるには、自分の「まだやりたい」という感情と折りあいをつける必要があります。

●食事時間と遊び時間の区別をつける

遊んでいたおもちゃを食卓に持ってきたがる子どもがいますが、**おもちゃは遊びの時間に使うものと決めて、食事時間との区別をつけましょう。**

たとえば、食事の前に、おもちゃはいったん箱の中に入れる、布をかぶせるなどして、視覚的にも切り替えができるようにするとよいでしょう。子ども一人では難しい時は、親が手伝ってあげましょう。

●食事の開始時間を決め、はっきり伝えよう

遊び始めた時に「○時から晩ご飯だから○時（○分）まで遊べるね」と、声をかけて、気持ちの区切りをつけやすくします。

言葉だけでは伝わりにくい時は、キッチンタイマーなどを用いて、終わりの時間が来たことを知らせてみましょう。

この場合、子ども自身がタイマーをセットし、アラームの音で気持ちを切り替える練習をしましょう。

●食事の終了時間を明確にしよう

食事は決まった時間にしか食べられないものとして、**事前に終了時間も予告し、その時間がきたらキッパリと片付けます。**

もしかしたら十分食べられず、次の食事までにおなかが空いてしまうかもしれませんが、これも大切な経験です。**毅然とした態度で次の食事まで我慢させるようにすると、自然に体内リズムが整ってきます。**

ここでのポイントは、お母さんは叱るわけではなく、毅然とした態度で対応しているところです。叱るだけでは反発心をあおるばかりで、改善は難しいでしょう。ここで食べようとしなければ、厳しいようですが食事は片付けます。もちろん、おやつでの補完は禁物です。

25 毎日お風呂に入る

サトシ
そろそろお風呂に入りなさい
え−…
お風呂はあんまり好きじゃない!!
これ読んでから入るよ
お湯がさめちゃう前にちゃんと入るのよ
10分後
あれ?もうお風呂行ったのかな?
サトシお風呂にいるの?
サトシ〜どこ〜?

あっ
そんなところに
隠れて!!
……
今すぐお風呂に
いってきなさーい!!
あとじゃダメ?
今すぐ!!
どうしてあんなに
お風呂がイヤ
なのかしら?
はぁ〜…
ようやく
入って
くれたわ…
1分後
あがったよ〜
続き読もっと♪
お湯に浸かった
だけでしょー!
ちゃんと
頭と体を
洗って
きなさい!

楽しいことをいつまでもやめられないことがありませんか？

お風呂に入ってもすぐにあがってきてしまうことがありませんか？

シフティング　自己抑制

支援のポイント 1

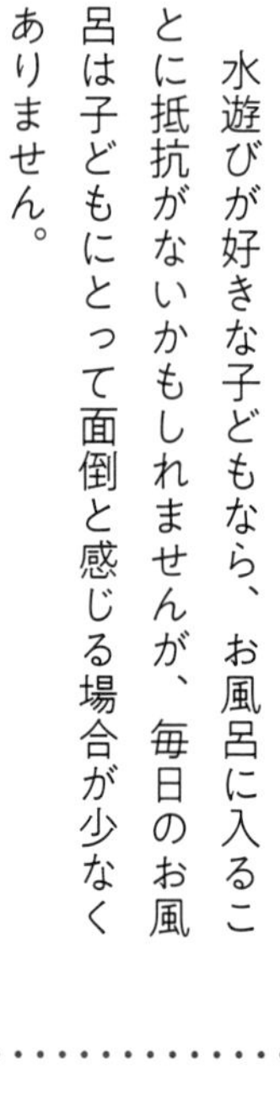

水遊びが好きな子どもなら、お風呂に入ることに抵抗がないかもしれませんが、毎日のお風呂は子どもにとって面倒と感じる場合が少なくありません。

ゲームやテレビなど、好きなことをやめてまでお風呂に入らねばならないことに拒否感もあるでしょう。

子どもは汗をかきやすく、遊びを通じて汚れやすいので、毎日お風呂に入って清潔を保つことは大切です。やりたいことに折りあいをつけて、お風呂に入る習慣を身につけましょう。

● お風呂に入るタイミングを決めよう

毎日のスケジュールの中でお風呂のタイミングを決めましょう。

ある日は遊んでからお風呂に入る、別の日は遊びの前にお風呂に入るなどその日によってバラバラになってしまっては、子どもも**都合のよい理由をつけてお風呂に入ろうとしなくなってしまいます。**

● やりたいこととの折りあいをつけよう

夕方から寝るまでに、お風呂に入る以外に、子ども自身がどんなことをやりたいかを話しあいましょう。「一日を予定通りスタートできる」（22ページ）にもあるように、**やりたいことも含め、スケジュールを決めて行動することが重要です。**

遊びやテレビなど、やりたいことが複数ある場合は、優先順位を決めて、テレビなどは録画して休みの日に観ることで折りあいがつけられるようにしていきましょう。

寝るまでの時間にやるべきことと、自分がやりたいことの折りあいをつけることを学びます。親が「どうするか?」と問いかけて、最終決定は子どもがするようにもっていきましょう。決めたことを忘れがちなら、リストや貼り紙など目に見える形にしておくのもよいでしょう。

支援のポイント 2

お風呂では、体や頭を洗うので、子どもにとっては面倒なことも多いです。入浴している時間はそう長くないのですが、「やらなければいけないことがある」ということが、子どもがお風呂を敬遠する理由になっています。

また、湯船に浸かって体を温めることが苦手な子どももいます。熱くて湯船から出たくなったり、じっとしているのが苦手だったりと、理由はさまざまです。

まずは、お風呂に対する抵抗感を減らすために、子どもがどんなことを苦手だと感じているかを聞き出し、少しでも抵抗なくお風呂に入れるように工夫しましょう。

●お風呂でやることを確認しよう

子どもはお風呂の中であれもこれもしなくてはいけないと考えただけでいやになってしまいます。

でも、実際に**お風呂ですることといえば、さっと体を流して湯船に入って温まったら、あとは体と頭を洗うだけです。まずはしっかりそのことを伝えて、抵抗感を軽くしてあげましょう。**

●湯船では楽しいことをしてみよう

湯船に浸かって温まっている時間が退屈だと感じ、お風呂に入りたがらない場合には、その間に何か楽しいことをして過ごすように提案してみましょう。

たとえば水鉄砲にお湯を満たして、それで的当てをして遊び、空になるまでの間だけ湯船の中にいるとか、好きな曲を一曲歌い終えるまでの間湯船の中でじっとしている、などです。

ちょっとしたことで、子どもにとって湯船の中にいる時間がただ温まるだけの退屈な時間ではなくなり、いやな感じをやわらげることができます。

お風呂ですることの順番に決まりはないので、家庭ごとで決めて、確認しておきましょう。入浴施設などでは、先に体を洗ってから湯船に入るように案内がある場合もあります。湯船に浸かる時間は、その子にとって楽しみでありつつ、終わりが明確なものを基準にするとよいでしょう。

26

自分で体を洗う

お風呂いってきまーす！
いってらっしゃい
ぽいぽいぽーい♪
お湯を浴びてと…
ばっ
しゃーん
フンフン
フーン♪
ちゃ
ぷーん
お湯に浸かるのはほどほどにして体を洗いなさいよ～
ちゃんと洗えたらまた遊んでいいから
はーい！

よ～し！
ちゃんと
洗うぞ！
ジャブ
ジャブ
うわ！
泡だらけ！
よいしょ
よいしょ
おっ 今日は
頑張ってるね
上手に洗えたかな？
うん！
一生懸命
洗ったよ!!
背中に泡がついてる
そっ
そう…
その言葉に
うそはないいん
だろうけど…
うしろが
おろそか!!

確 Check 認

体を洗っている時に、どこを洗ったか気づいていない様子はありませんか？

道具をうまく使えず、きちんと洗えていない様子はありませんか？

注意持続 プランニング

支援のポイント 1

子どもが一人でお風呂に入って体を洗う時には、目につきやすいところだけ洗っておしまいにしてしまいがちです。

たとえば腕やおなか、脚の前側などは自分でもよく洗えていますが、背中や足の指先や足の裏、脚の後ろ側や首筋など、自分の目で見て確認できないところがどうしてもおろそかになりがちなのです。

自分では見えないところも、同じように汚れていることに気づき、洗い残しがなくなるようにしていきましょう。

●洗う手順を決めて順番に洗えるようにしよう

洗う手順を決めることで、洗い残しを予防することができます。洗い始めは人によって異なるので、子どもと話しあいの中で手順を決めましょう。**特に、足先や首筋、脇の下など子ども自身で気づきにくいところを、親が気づかせてあげましょう。**

どこを洗ったかを考えなくても、一連の流れで洗えるように習慣化していきます。

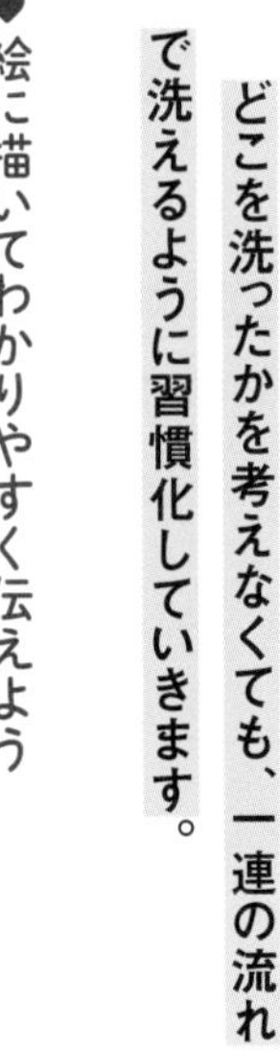

●絵に描いてわかりやすく伝えよう

文字だけでは手順がわかりにくい場合には、**全身を描いた絵を用意してどこから洗うか順番を書き込むとか、体のパーツごとの絵を用意して番号を振って洗う順番に並べておくなどして、目で見てわかりやすくしておくのもよいでしょう。**

いずれにしても、浴室内の目につきやすいところ、子どもが見やすい場所に貼ったり、ケースに入れてぶら下げたりしておくようにします。

洗う順序は最初から細かく設定しすぎないようにします。たくさん洗う場所がある、と感じることで子どもの意欲の低下につながってしまうからです。まずは大きな部位から洗い、徐々に脇の下や、足の指先など、細かな部位にも注意が向けられるようにしていきましょう。

セルフモニタリング

支援のポイント2

せっかく見えないところまで洗うということに気がつけても、洗い方が悪いと汚れは落ちません。

子どもが自分で頑張っているのに、思うようにいかない、上手にできないと、「できる」「やれる」という、自己有能感を感じる機会をもつことができません。そして、そういうことが続くと、入浴自体が嫌いになってしまうということもあり得るのです。

そうならないためにも、親とともに一つひとつの動作と、タオルやスポンジなど道具の使い方を確認し、子どもが一人でも上手に洗えるようにしていきましょう。

●道具の使い方や、体の洗い方を学ぶ

たとえば、**背中を洗う時は長いタオルの両端を持って洗うと、手が届かないところも洗えるということは、教えてもらわないとわかりません**。ほかにも、足の先を洗う時には、指の間も洗うこと、ふくらはぎの部分に泥汚れが残っていることが多いことなど、**部位ごとに注意すべきこと、洗い方のポイントを伝えましょう**。

家庭によっては、タオルだけでなく、スポンジやブラシなども使って、効率的に洗えるようにしている場合もあるでしょう。

最初のうちは自分で全部覚えてやることは難しいかもしれませんが、その都度親が声かけをし、いつも汚れているところ、洗い残しがある部分に気づくことができるようにうながします。

この時、洗えていないところを指摘するだけでなく、ちゃんと洗えているところを伝えてほめるようにしましょう。

最後は、ちゃんと洗えているかどうかを、鏡などを使って、自分で確認できるようになるのが目標です。

目に見えないところを洗うために、自分の体をどのように動かしたらよいかを知ることがポイントになります。また、目に見えないので、上手に洗えているか心配になって、何度も何度もこすってしまうことも考えられます。必要に応じて、子どもと回数を決めるなどしておくとよいでしょう。

27

お風呂で遊ばない

鏡
曇ってる
お絵描き
しちゃお～♪
シャワーで
ザバー!!
さよなら
変な顔の人!
ん…
あんなところに
泡が…
シャワー
かけてみよう!
それー!!
うわー!
雨みたいで
楽しいぞ!!
シャワーで
遊ばないの!
え?

じゃあ、次は泡を作るか！
もっと石けんを入れて…
うおおお！
たくさんできた！
いい加減頭を洗いなさい！
……
シャンプーシャンプーっと…
おっ頭の上の泡も増えてきたぞ♪
ガシガシ
お母さ〜ん！前見えないよ！
普通にお風呂に入れないの？

シャワーや水を出して遊んでしまうことがありますか?

必要以上にシャンプーやボディソープを使ったり、遊んだりしませんか?

自己抑制　シフティング

支援のポイント 1

シャワーは子どもにとって非常に魅力的な遊び道具です。なかには苦手だという子もいるのですが、それでも顔に水がかからなければ、シャワーで遊ぶ場合が少なくありません。

つまり、注意していないと、いつまでもシャワーで遊んでいて、お風呂から出てこないというようなことが起きるのです。

もちろん節水も大事なことですが、そもそもシャワーは遊び道具ではないということを確認し、決められた範囲で使うようにしていきましょう。

●シャワーを使える時間を決めよう

シャワーで遊んでしまう場合は、**シャワーが使える時間を決めてしまいましょう。**

最初に入浴時間全体と、体や頭を洗うために必要な時間を考えて、シャワーを使える時間には限りがあることを意識させます。

お風呂で使える防水タイマーを利用して、子どもと決めた時間内でシャワーを使い終えるようにしていくとよいでしょう。

●出しっぱなしにできないようにしよう

手元で止めたり出したりできるシャワーヘッドがあります。こういうものに交換すると、**シャワーを使いながら手元で操作できるので、その都度止めることが比較的簡単にできるようになります。**

ついつい遊んでしまわないように、**用が済んだらすぐに止められるような工夫もしてみましょう。**

シャワーを使う時間を決める場合でも、限りはあるけれど、体を流すための時間は十分あることを伝えましょう。子どもは時間が余ったら遊んでもいいと解釈するかもしれませんが、あくまでもお風呂でするべきことをするための時間がそれだけあるのだ、ということを明確に伝えます。

セルフモニタリング

支援のポイント 2

子どもが泡遊びを目的に、シャンプーやボディソープをたくさん使ってしまうことがあります。

また、適量がわからず出しすぎて、たくさんの泡にまみれて上手に洗えない、ということもあるでしょう。

シャンプーやボディソープは、髪の量や長さ、体の大きさなどで一人ひとり適切な分量が異なります。

お母さんの髪が長かったり、お父さんがとても体の大きい人だったりしたら、それを真似て同じだけ使うのは使いすぎになってしまいます。また、成長によって、使う量も変化していくかもしれません。

このように体格や成長にあわせた臨機応変な対応が難しい場合は、どれだけの量を使うことが適切なのか、定期的に親と確認しあうようにするとよいでしょう。

●決められた量を守って体を洗おう

髪や体を洗うのに、ただ、たくさん泡をつければよいわけではありません。**ポンプ式の容器に入っている場合には、まずは決められた数だけ押すようにします。**何回が適切なのかは子どもと話しあって決めます。**一方的に回数を制限するのではなく、体の大きさや髪の長さによって必要な量が異なることも含め、子どもが納得して取り組めるようにするのがポイントです。**

シャンプーや石けんは、泡立ててから洗うとよいことなども同時に伝えましょう。

●一回に出る量を減らしてみよう

楽しくてポンプを何度も押してしまう場合は、容器の工夫も必要です。**小さいボトルに詰め替えたり、ポンプの下部に輪ゴムを巻きつけて下まで押し込めないようにする**などして、一回の量を減らしてみましょう。

シャンプーは髪の長さに応じて使う量が異なることを伝えましょう。適量を知ることで、自分で判断する基準を学んでいくようになります。子どもによっては、母親との髪の長さの違いに注目させたり、洗うために必要な量を考えさせてみるなどして、自分でできる力を伸ばしていきましょう。

28 お尻拭きをスムーズにする

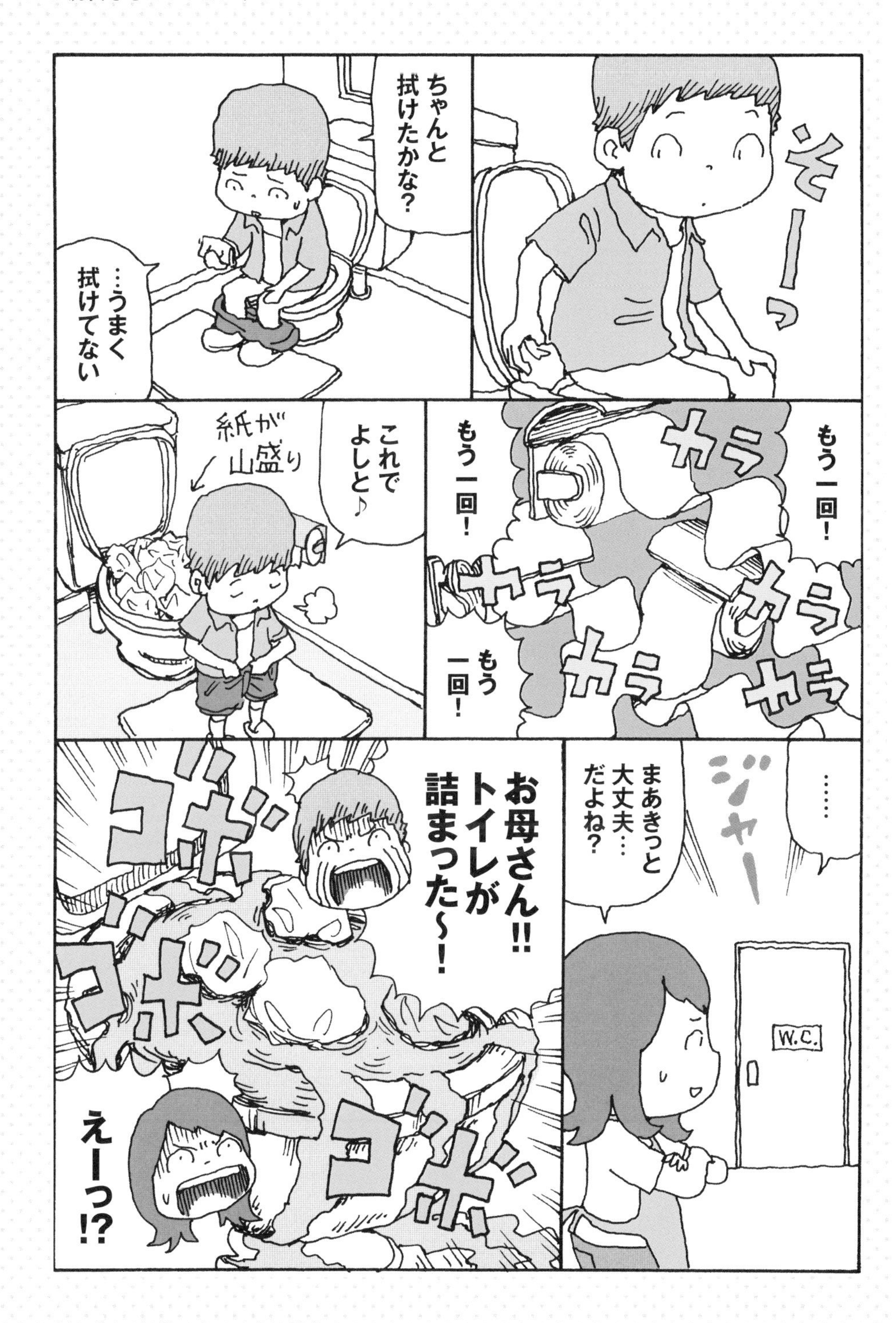

そーーっ
ちゃんと拭けたかな？
…うまく拭けてない
もう一回！
カラ
もう一回！
カラ
カラ
もう一回！
カラ
カラ
これでよしと♪
紙が山盛り
……
ジャー
まあきっと大丈夫…だよね？
W.C.
お母さん!! トイレが詰まった～！
ゴボ
ゴボ
ゴボ
ゴボ
えーっ!?

確 Check 認

トイレットペーパーを丸めたり、出しすぎたりしていませんか？

見えない部分のお尻を拭くことが難しいのではないですか？

便の硬さにあわせてお尻を拭く回数や力加減を変えることができますか？

支援のポイント 1

自己抑制　プランニング

手や下着が汚れるのがいやだという理由で、大量のペーパーを使用し、トイレを詰まらせてしまうことがあります。しかし、手や下着を汚さないためには、たくさん使うのではなく、ペーパーをきちんと折りたたんで拭くことが大切だということがわかるようにしましょう。

トイレに行くようになったら、最初は親が手順を見せて教えましょう。拭き方や回数を「目に見える形」で伝えることもポイントです。

●手順を「見える化」して方法をわかりやすく伝えよう

①壁に目印になるマスキングテープを貼り、ペーパーがテープと同じ長さになったら切る

②ペーパーを半分に折り、さらに半分に折るというように、**目で見てわかるように示しておきます。**

数がわかる子どもには、ペーパーの切り取り線の数や、手で巻き取る回数を設定してもよいでしょう。

●困った時の方法を話しあっておこう

「うんちが手につくのではないか」という不安から、ペーパーを大量に出して使いすぎてしまう場合もあります。**「手についたらきれいに洗えばよい」**など、**事前に困った時の対処方法も相談し、一緒に確認しておきましょう。**

トイレ動作を自立させるためには、お尻の拭き方やトイレットペーパーの扱い方を教えることが大切です。特にトイレットペーパーは紙の質や、厚さなどの種類によってたたんだ時の厚みが変わるため、ご自宅で使用しているペーパーにあわせて切り取る長さを変えてください。

プランニング

支援のポイント 2

お尻には凹凸があり、肛門も複雑な構造をしています。子どもにとって、自分では見えないお尻の始末は、わかりにくいものです。同じ動作を繰り返しおこない、手順やポイントを理解しながら、少しずつ学習していきます。

●お風呂で鏡を使いながら練習しよう

まずは目で見えるように、**お風呂で鏡を使いながら手でお尻を洗う練習をしましょう。**

次に、タオルで体を拭く時に、お尻も自分で拭く練習をします。その時に、少し前かがみの姿勢をとるようにすると、排泄の時と同じ姿勢になります。

●手順を簡単にし、同じ方法で練習しよう

感染予防のために、手を体のうしろに回してお尻にアプローチすることが多いでしょう。**体を洗う時や、体を拭く時にも、同じような姿勢、同じやり方で練習をすると、動作をより早く、確実に身につけることができます。**

支援のポイント 3

自分の便が硬いのか、軟らかいのかは、便意の起きるタイミング、おなかの痛さ、排便時の感覚などで、少しずつわかるようになります。経験しながら学ぶため、失敗はつきものですが、はじめは便器に落ちた便や、ペーパーについた便を見て、確認しながら進めましょう。

●便の硬さで拭く回数を決めよう

便の硬さにあわせて、お尻を拭く回数を事前に決め、表にしておくとよいでしょう。

例
- 硬い（コロコロしている）～普通…二回
- 軟らかい、下痢…三回

など

最後に、拭き取ったペーパーに便がついていないか確認することを教えましょう。

お尻は自分では見えないので、日頃から意識が向きにくい体のパーツです。直接的に見ながら動作できないため、感覚をつかむまで、繰り返しの練習が必要です。トイレの後始末だけではなく、入浴で体を洗う時や拭く時も、大人が意識してお尻を拭く位置を確認させましょう。拭く回数なども具体的に決めるとわかりやすいです。

29

適切なタイミングでトイレに行く

しばらくして
あっ あともう 少しで…
このボスを 倒して…
モジ
モジ
……
サトシ トイレに 行きたいの?
いや 大丈夫!
絶対トイレ でしょ? 早く行きなさい!
プル
プル
プル
プル
もう限界!
ようっぽど我慢 してたのね…
バタン!!!
ちょっと… 濡れちゃった
エヘヘ …
ジャー
やっぱり そういうことか…

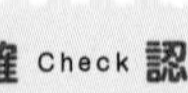

尿意や便意を感じて、課題を一時的に中断できますか？

状況に応じたタイミングでトイレに行けていますか？

シフティング　自己抑制

支援のポイント 1

自分のしていることに集中しすぎると、尿意や便意に気づいていても気持ちを切り替えられず、結果的に我慢しすぎて、失敗してしまうことがあります。

逆に排泄の失敗に対する不安が強い場合には、短時間で何度もトイレに行き、課題に集中できなくなってしまうこともあります。

●トイレに行くタイミングを決めておこう

やりたいことから注意を切り替えられない場合や、逆にトイレに行きすぎる場合には、**予めトイレに行くタイミングを決めておくとよいでしょう。**

家では着替える前、出かける前など、体を動かす、家の中を移動するタイミングにあわせるようにするとスムーズです。学校では、長い休み時間や、給食で手を洗う前など、必ず席を立つタイミングに、トイレに行くようにするとよいでしょう。

はじめのうちは、家でトイレから戻った時に、次にいつトイレに行くのかを相談して決めておきましょう。**約束のタイミングになったら、声をかけて気持ちの切り替えをうながします。**

Column

キリがついたらトイレに！

勉強でも遊びでも、一区切りついたところでトイレに行くように習慣づけておくとよいでしょう。そうすると、無理に気持ちを切り替える必要がありません。

はじめは子どもが自分から気づくことは難しいでしょう。下着についてしまったりして失敗しても、大人は叱らずに、子どもと一緒にどうしてそうなったのか、前回トイレに行ったのはいつだったのかを確認しましょう。子ども自身が原因に気づくようにうながしていくことが大切です。

プランニング

支援のポイント2

学校の授業中や、みんなで活動している途中で、尿意や便意を感じてトイレに行くと、自分だけでなく、クラス全体の学習の流れを途切れさせることにつながります。さらに大人の付き添いが必要な場合には、全体の作業を中断することにもなってしまうでしょう。

頻繁にトイレに行かないと気が済まない場合にも、集中が続かず、持続的に課題に取り組むことが難しくなります。

●トイレに行くタイミングをスケジュールに盛り込もう

休み時間など適切なタイミングでトイレに行けなかったり、逆に、不安から必要以上に行きすぎてしまう場合には、その日の全体のスケジュールを見通して、トイレに行くタイミングを決めておくのも有効な方法です。

学校の予定表や休日の予定を、子どもと一緒に大人が確認します。194ページと同じように、**その日のスケジュール全体の中で、教室移動や給食など、必ず席を立つタイミング、登下校や外出の前などにあわせて、「トイレに行く」ことをスケジュールに入れておきましょう。**

特にお風呂に入る前や、外出する前に、必ずトイレに行くように習慣化しておくことは、日常生活を落ち着いて送れるようにするためにも有効です。

Column

主体は子ども

トイレに行くタイミングのように、いつ、何をするかのスケジュールを組み立てる時は、必ず子どもと相談しながら決めていきましょう。大人はあくまでも、子ども自身が自分で行動できるようになる手助けをする、という立場だということを心得て、サポート役に徹します。

「なんとなくトイレに行きたくなったら行く」のではなく、事前に予定と照らしあわせて、行くタイミングを設定することが必要です。ここで重要なのは、子ども自身がスケジュールを見ながら計画すること。これを繰り返せば、見通しをもって行動を計画したり修正できるようになります。

30 トイレを汚さない

おしっこ〜！
すっきりした〜！
ジャー
私も行っとこ！
えっ…何コレ！
ビショビショなんですけど!?
こんなに汚して…どうしてこうなるのかしら?

お父さん ちょっとサトシのトイレの様子を確認してくれるかしら？
サトシがトイレを使ったあと すごく汚れているのよ
わかった 確認してみるよ
サトシが入ってる
W.C.
いったい何をしたらそんなに汚れるんだろう？
そーっ…
まーる描いてちょん♪
じょぼぼぼぼぼ
バツ描いてちょん♪
じょぼぼぼぼぼ
最後は∞マークに挑戦…！
じょぼぼぼ
うわー めっちゃ難しいぞ〜！
こりゃ汚れるはずだわ…!!
どーん…

確 Check 認

トイレが汚れていることに気づいていますか？

トイレでボーッとしていたり、ほかのことが気になったりしていませんか？

汚れない方法でトイレを使用できていますか？

プランニング

セルフモニタリング

支援のポイント 1

男の子の場合は、尿がおちんちんから出る様子を面白がったり、便器の汚れなどを的にして水鉄砲のようにして遊ぶことがあります。そして、それによってトイレをひどく汚してしまうのです。

でも、子どもは自分が汚していることに気づかず、さらに、あまり汚れていても気にならないようです。

自分がしたことでトイレが汚れたことに気づけるように働きかけ、「トイレでは遊ばない」ということを確認しあいましょう。

●床の汚れを見せ、臭いを実感させよう

トイレを使ったあと、実際の汚れや臭いを確認させましょう。その上で、どうしてそうなったのか、トイレでの行動を親子で一緒に振り返ってみます。

トイレは遊び場ではないので、尿で遊ばないようにいって聞かせます。

●自分で後始末ができるようにしよう

遊んだわけではなくても、トイレを汚してしまうこともあります。

自分が汚したらどのように後始末をするのか、親が手本を見せながら掃除をして、自分一人でもできるようにしていきましょう。お掃除シートなど、無理なく掃除ができるようなグッズも活用するとよいでしょう。

トイレの汚れは見えにくいので、子どもが汚さないように意識できるような工夫が必要です。公共のトイレでは、便器の形や大きさがいろいろなので、よく行く公園やお店などで、大人と一緒に入って練習をするとよいでしょう。汚した時にどうするかも話しておきましょう。

支援のポイント 2

おしっこをする時に、ボーッとしていたり、ほかのことを考えて上の空でいることがあります。そのような時は、腹圧のコントロールがうまくできないことが多いようです。

男の子の場合には、おちんちんをしっかり支えて、便器にめがけて集中して排尿しないと、周囲を汚してしまうことが多いです。

注意を向けさせるような市販のグッズも、活用するとよいでしょう。

●気をつけるポイントを確認しよう

おしっこをする時に、注意すべきポイントについて、親と一緒に確認しあいましょう。

特に男の子の場合には、便器の前に立ち、腰を突き出した状態でおちんちんを持ち、少しずつ腹圧をかけて排泄するなど、ちょっとしたコツが必要です。

はじめは感覚だけで腹圧のコントロールをすることが難しいため、子どもには排尿時の放物線を確認しながら、腹圧のコントロールを学習させましょう。

できることなら、男の子には大人の男性から具体的に教えてあげるようにするとよいでしょう。

●市販のグッズも活用しよう

気をつけるポイントを意識できるように、**足を置く場所を示した足型シールなどを活用するのもよいでしょう。**足型シールは子どもの足の大きさにあわせて、簡単に手づくりすることもできます。そのほうが、汚れたら簡単に取り替えられてよいかもしれません。

また、便器に貼る、専用の的となるシールもあります。尿がかかるとその温度変化で色が変わるようになっている物もあり、**子どもの注意を的に集中させることができるのです。**

これで、尿が便器の外に飛び散りにくく、トイレが汚れにくくなります。

男の子におしっこのしかたを具体的に教えるのは、女性には難しいことです。ここはお父さんや、身近な大人の男性に、しっかり教えてもらうようにするとよいでしょう。「遊びたい気持ちもわかる」と共感しながら、それを抑えて集中しておしっこができるようにしていきましょう。

プランニング

支援のポイント3

トイレを汚さないで使用する方法は、男女で少し異なりますが、大きく次の三つに分けることができます。

特に、最近の家庭で和式トイレや男性用の立便器があるところは珍しくなっていますので、外出時に戸惑わないように、機会をとらえて練習しておくことも必要です。

●男の子が洋式で立ってする場合

便器の前に立ち、腰を前に突き出させます。汗をかいている場合はおちんちんを袋（陰のう）からはがすことを意識します。しっかり支えて、便器に向かって排尿するように教えましょう。尿を出しきったと思っても、まだおちんちんの中に残っていることがあるので、小さく振ってしずくを払うことも伝えるとよいでしょう。

●洋式に座ってする場合

男女とも、便器の奥まで座ることがポイントです。奥まで座ると足が床に着かない場合は、足台を用意すると安定します。

男の子は体の構造上、立ってするほうが排尿しやすいのですが、最近はトイレの汚れを防ぐために座ってさせる家庭も増えているようです。その場合は、便座に座って少し前かがみになり、おちんちんの根元を上から押さえて、尿が便器から飛び出すのを防ぎます。

女の子がスカートをはいている場合は、前にまとめて便器の奥まで座ると、お尻と便座の間から衣類が落ちず汚れません。

●和式便器にしゃがむ

男女とも、**一歩前に進むように教えましょう。**和式便器の場合には、しゃがんだ姿勢を保つことがポイントです。うまくしゃがめない子どもは、まずそこから練習するとよいでしょう。

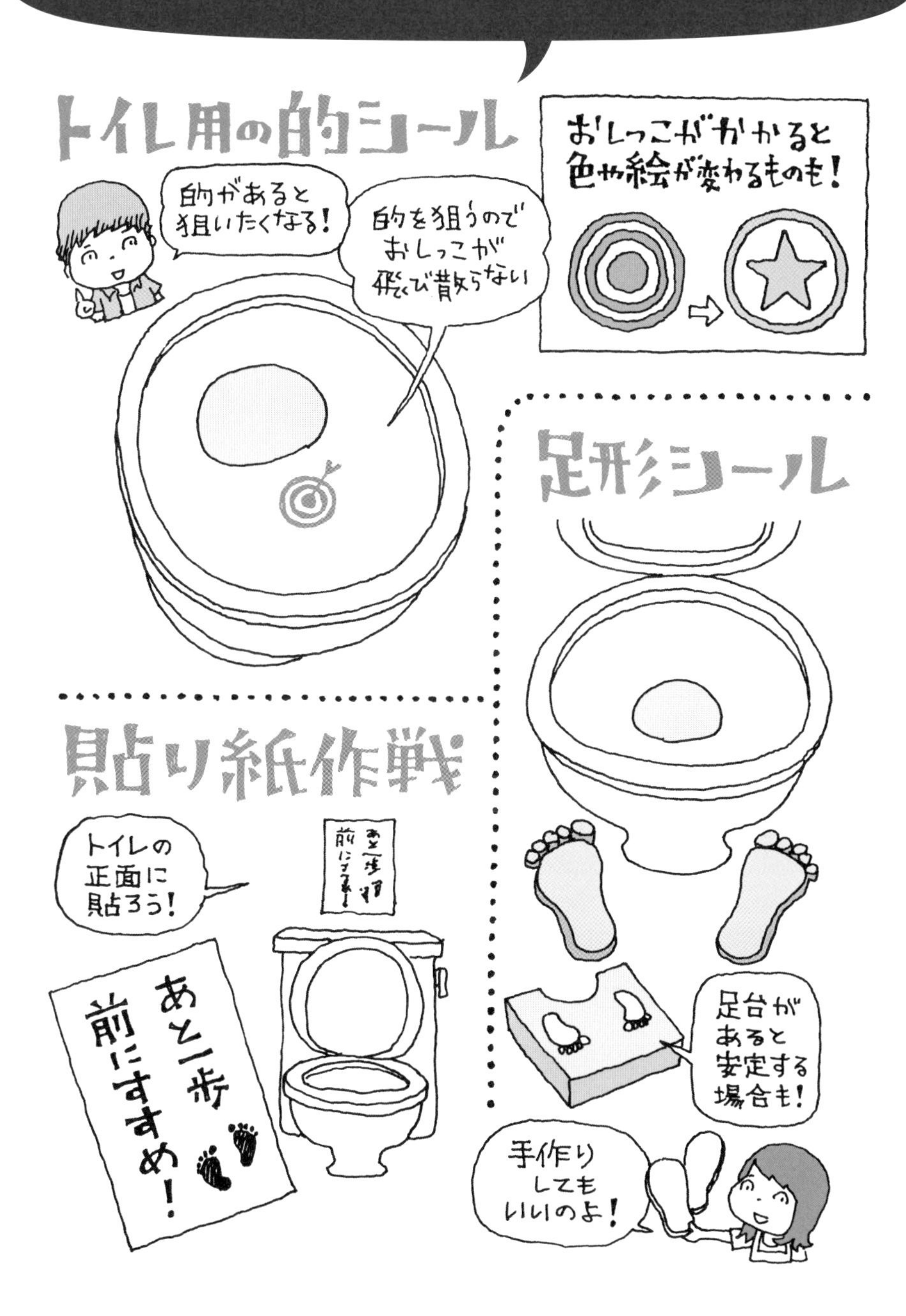
ちょっとした工夫で汚さない！汚れない！
トイレ用の的シール
的があると狙いたくなる！
的を狙うのでおしっこが飛び散らない
おしっこがかかると色や絵が変わるものも！
足形シール
足台があると安定する場合も！
手作りしてもいいのよ！
貼り紙作戦
トイレの正面に貼ろう！
あと一歩前にすすめ！

編著者 鴨下賢一 （かもした・けんいち）

株式会社児童発達支援協会代表取締役。
作業療法士。専門作業療法士（福祉用具・特別支援教育・摂食嚥下）。
1989年静岡医療福祉センター入職。1993年静岡県立こども病院へ入職、2019年3月に退職。2019年4月に株式会社児童発達支援協会を設立、同年7月にリハビリ発達支援ルーム「かもん」を開所し、現在に至る。
児童発達支援や放課後等デイサービス等の事業を展開し、発達に不安や障害のある子どもたちとその家族への療育指導をするかたわら、特別支援学校等への教育支援、発達障害児に対する福祉機器の開発も数多く手がける。
著書に『苦手が「できる」にかわる！ 発達が気になる子への生活動作の教え方』『学校が楽しくなる！ 発達が気になる子へのソーシャルスキルの教え方』［以上編著、中央法規出版］、『発達が気になる子への読み書き指導ことはじめ』［中央法規出版］、『発達が気になる子の脳と体をそだてる感覚あそび』『脳と体をそだてる感覚あそびカード144』［以上編著、合同出版］、『発達障害の作業療法（基礎編・実践編）』［共著、三輪書店］等。

著者 小玉武志 （こだま・たけし）

社会福祉法人恩賜財団済生会支部北海道済生会小樽病院重症心身障がい児（者）施設みどりの里療育医療技術室課長。
博士（作業療法学）、認定作業療法士、呼吸療法認定士。
2006年に北海道済生会西小樽病院みどりの里（現勤務先の旧名称）に入職し、現在に至る。
著書に『発達が気になる子の脳と体をそだてる感覚あそび』『脳と体をそだてる感覚あそびカード144』［以上共著、合同出版］、「発達障害分野における道具の活用」『月刊作業療法ジャーナル』52（8）.2018［共同執筆、三輪書店］等。

著者 佐藤匠 （さとう・たくみ）

社会福祉法人恩賜財団済生会支部北海道済生会小樽病院重症心身障がい児（者）施設みどりの里機能訓練課主任。作業療法士。
2008年3月に札幌医科大学保健医療学部作業療法学科を卒業。同年4月に北海道済生会西小樽病院みどりの里（現勤務先の旧名称）に入職し、現在に至る。
学会発表に佐藤匠・小玉武志・林香澄・中村裕二「感覚受容の拡大が食事摂取量の増加に繋がったダウン症児について」第50回北海道作業療法学会（2019.6.8-9）、佐藤匠・小玉武志・中村裕二・仙石泰仁「重症心身障害者に対する背臥位保持具の効果について」第53回日本作業療法学会（2019.9.6-8）等。

著者 髙橋知義 （たかはし・とものり）

株式会社LikeLab保育所等訪問支援 Switch管理者。作業療法士。
社会福祉法人こぐま学園で14年間作業療法士として勤務。2015年4月に株式会社LikeLabに入社し、現在に至る。
著書に『発達が気になる子の脳と体をそだてる感覚あそび』『脳と体をそだてる感覚あそびカード144』［以上共著、合同出版］、『作業療法士が行うIT活用支援』［執筆、医歯薬出版］等。
その他、特別支援グッズ「Qスプーン」「Qフォーク」の開発・監修。

著者 戸塚香代子 （とづか・かよこ）

社会福祉法人同愛会川崎市中央療育センターリハビリテーション部部長。修士（作業療法学）。作業療法士。
2007年医療法人社団一視同仁会札樽・すがた医院に入職。Handwritingについて研究し、2011年に修士号（作業療法学）を取得。2013年に神奈川県横浜ハビリテーションクリニックに入職し、自閉スペクトラム症について学ぶ。2015年から川崎市中央療育センターに入職し、現在に至る。
著書に「発達障害支援のマイルストーン―就学支援を中心に―」『Monthly Book Medical Rehabilitation』237. 2019［執筆、全日本病院出版会］等。

著者 東恩納拓也 （ひがしおんな・たくや）

社会福祉法人聖家族会みさかえの園総合発達医療福祉センターむつみの家診療部リハビリテーション科。
博士（医学）、作業療法士、特別支援教育士。
2014年に国立病院機構長崎病院へ入職。2016年にみさかえの園総合発達医療福祉センターむつみの家へ入職し、現在に至る。
論文に"Relationship between motor coordination, cognitive abilities, and academic achievement in Japanese children with neurodevelopmental disorders", *Hong Kong Journal of Occupational Therapy,* 2017等。

家庭で育てる 発達が気になる子の実行機能

2020年9月15日　初版発行
2024年8月10日　初版第3刷発行

編著者………鴨下賢一
著　者………小玉武志・佐藤匠・髙橋知義・戸塚香代子
東恩納拓也
マンガ………にしかわたく
発行者………荘村明彦
発行所………中央法規出版株式会社
〒110-0016
東京都台東区台東 3-29-1 中央法規ビル
営　　業　TEL 03-3834-5817　FAX 03-3837-8037
取次・書店担当　TEL 03-3834-5815　FAX 03-3837-8035
https://www.chuohoki.co.jp/

編集協力…………小屋野恵
装幀・本文デザイン…鈴木大輔・仲條世菜（ソウルデザイン）
印刷・製本………TOPPANクロレ株式会社

ISBN978-4-8058-8191-0

定価はカバーに表示してあります。
本書のコピー、スキャン、デジタル化等の無断複製は、著作権法上での例外を除き禁じられています。また、本書を代行業者等の第三者に依頼してコピー、スキャン、デジタル化することは、たとえ個人や家庭内での利用であっても著作権法違反です。
落丁本・乱丁本はお取り替えいたします。
本書の内容に関するご質問については、下記URLから「お問い合わせフォーム」にご入力いただきますようお願いいたします。
https://www.chuohoki.co.jp/contact/